# Cuando un
# MILAGRO
# es todo lo que
# NECESITAS

## Relatos para fortalecer tu fe
## y ofrecerte esperanza

# Ann Spangler

**Vida**®

*La misión de Editorial Vida es ser la compañía líder en comunicación cristiana que satisfaga las necesidades de las personas, con recursos cuyo contenido glorifique a Jesucristo y promueva principios bíblicos.*

**CUANDO UN MILAGRO ES TODO LO QUE NECESITAS**
Edición en español publicada por
Editorial Vida – 2011
Miami, Florida

© 2011 por Ann Spangler

Originally published in the USA under the title:
**When You Need a Miracle**
**Copyright © 2009 by Ann Spangler**
Published by permission of Zondervan, Grand Rapids, Michigan 49530

Traducción: *Carmina Pérez*
Diseño interior: *Base creativa*

ISBN: 978-0-8297-5113-0

CATEGORÍA: Vida cristiana/ Crecimiento espiritual

11  12  13  ❖  6  5  4  3  2  1

# Contenido

# INTRODUCCIÓN

Vivimos en una era llena de ansiedad e incertidumbre. El ver los noticieros en las noches nos enfrenta con historias de pérdidas de trabajos masivas y desplomes financieros. Millones de personas han perdido sus ahorros, sus casas y los futuros seguros con los cuales contaban. Si no hemos experimentado alguna de estas pérdidas, nos preocupamos por aquellos amigos y familiares que sí las han sufrido o por la incertidumbre de lo que nos depara el futuro.

Si pudiéramos sacar algo bueno de sentir estos miedos, con seguridad sería el impulso a examinar nuestra vida de nuevo. ¿Cuáles fueron nuestras presunciones? ¿Qué valores preservamos? ¿Sobre qué fundamento edificamos nuestras vidas, y será lo suficientemente fuerte para resistir toda la presión de los desafíos del presente? Cuando la vida se dificulta, muchas personas vuelven a la fe que abrazaron mucho tiempo atrás, buscando vivirla con más profundidad. Otros se tornan más receptivos a la fe por primera vez, sintiendo una necesidad de Dios.

Seas creyente o alguien que todavía está buscando la fe, es muy probable que estés receptivo a los milagros. Y si por ahora no necesitas un milagro, lo más seguro es que conoces a alguien que sí lo necesita. Ese es el propósito de este libro: Dios haciendo cosas extraordinarias por personas ordinarias, sorprendiéndonos con su bondad y su poder, ayudándonos sin importarle lo que podamos enfrentar ahora o en el futuro. Espero que estas historias anulen la negatividad que puedas tener a tu alrededor, ayudándote a sentirte más seguro y tranquilo mientras experimentas la maravilla de pertenecer a un Dios que es más misterioso y amoroso de lo que muchos de nosotros estamos dispuestos a reconocer.

La poeta Elizabeth Barrett Browning escribió ilustremente que «La tierra está colmada de la gloria celestial, y todos los arbustos ordinarios se vuelven radiantes con Dios. Aquellos que le ven, se quitan el calzado». En las páginas a continuación investigaré historias de experiencias milagrosas, encuentros angelicales e incluso sueños que revelan algo acerca de quién es

Dios y cómo él cuida de nosotros. Historias como estas pueden ayudarnos a renovar el deseo de sentirnos maravillados y aumentar nuestro asombro.

Este libro fue extraído de mis primeros libros: Un ángel para cada día, Un milagro para cada día, y en menor grado, Sueños: Historias verídicas de encuentros con Dios. La primera parte contiene una breve introducción al tema de los ángeles y luego continúa con lecturas temáticas que tratan con encuentros angelicales en las Escrituras y en la vida de personas hoy día. La segunda parte provee una breve introducción al tema de los milagros y continúa con lecturas temáticas relacionadas con encuentros milagrosos en la Biblia y en la vida de personas contemporáneas.

Es mi deseo que a través de estas historias y reflexiones puedas refrescar tu fe en el Dios que encontró a Moisés en el desierto y le habló a través de la zarza ardiente. También quiero alimentar tu fe en cuanto a que él todavía nos habla de su ternura, nos asegura su poder y nos recuerda su bondad. Espero que estas historias y reflexiones aumenten tu confianza en el amor que el Padre tiene para ti, ya sea que leas frente a un fuego acogedor o mientras tomas un descanso en medio de un día ajetreado.

Este libro no hubiera sido posible sin los muchos hombres y mujeres que estuvieron dispuestos a contar sus historias acerca de cómo Dios ha influido en sus vidas. A ellos les estoy profundamente agradecida. En realidad recibí tantas respuestas a mi solicitud de historias de milagros que no tuve suficiente espacio para incluirlas todas en las páginas de este libro. En algunos casos, oculté los nombres de los protagonistas de estas historias para proteger su privacidad. Estoy especialmente agradecida con las siguientes personas: Charlene Ann Baumbich, Donna Huisjen, Mark Kinzer, Mary Ann Leland, Patti Matthews, Suzanne Morsefield, LaVonne Neff, Elizabeth Newenhuyse, Pat Springle, Paul Thigpen, John Topliff, Charles Turner, and Hendrika Vande Kemp. Agradezco también a Sandy Vander Zicht, publicadora asociada y editora ejecutiva en Zondervan, quien, desde un principio, captó la visión para este libro. Aprecio mucho el trabajo meticuloso del editor general, Verlyn Verbrugge, en este y otros de mis libros.

# Nota al lector

Algunos de los pasajes bíblicos que se citan en el texto se refieren a «el ángel del Señor». Ciertos eruditos bíblicos creen que esta frase, sobre todo en los primeros libros del Antiguo Testamento, se refiere a Dios mismo. Otros creen que se refiere a un ángel real que representa al Todopoderoso con fiel exactitud. Muchos de los primeros padres de la iglesia veían en estos pasajes al Cristo preencarnado. En cualquier caso, los lectores pueden reflexionar sobre estos pasajes con provecho sabiendo que los ángeles reflejan la gloria de Dios y están activos en nuestro mundo solo para obedecer sus órdenes.

Debo dar gracias en especial a todas las personas que con gusto me contaron sus historias. En cada caso, su disposición para hablar de estas cosas parecía surgir de un deseo de que otros, al igual que ellos, experimenten la bondad de Dios. Tengo una deuda de gratitud con Mark Kinzer por leer el texto para verificar la exactitud teológica. Por supuesto, cualquier error en el texto es responsabilidad única de la autora.

PARTE 1

# UN ÁNGEL CADA DÍA

# ¿POR QUÉ HABLAR ACERCA DE LOS ÁNGELES?

Cuando yo era una niña poco menos que angelical de cuatro o cinco años de edad, albergaba una variedad de conceptos nada tradicionales acerca del universo y mi lugar en él. Como no sabía nada de la Biblia en ese tiempo, mi mente infantil trataba de comprender el significado de las preguntas más profundas de la vida. La principal entre ellas era de dónde yo había venido. No podía creer del todo que una persona de mi inteligencia e importancia ni siquiera hubiera existido antes de aquel tempestuoso día en marzo de 1950 cuando entré en la escena.

Mis padres hicieron lo mejor que pudieron para enseñarme mis oraciones, llevarme a la iglesia y explicarme que debía atribuirle a Dios el que me hubiera hecho. No obstante, yo me preguntaba si Dios no me habría creado en algún lugar entre las nubes (donde creía que estaba el cielo) para después enviarme a la tierra para reunirme con mi familia. Sin duda alguna había recibido la influencia de los cuadros que había visto de angelitos regordetes saltando de nube en nube, con sus alas pegadas con firmeza a hombros más o menos del tamaño de los míos. Más que nada deseaba creer que yo también una vez había tenido alas y que algún día las volvería a tener. Aunque entonces no entendía mis deseos, ahora creo que anhelaba la libertad que los ángeles poseían y la habilidad de moverse a voluntad entre el cielo y la tierra. Por alguna razón me sentía muy pesada para mi edad, encadenada con injusticia por la ley de gravedad al mundo natural, cuando deseaba tanto remontarme al firmamento donde me imaginaba que Dios estaba. Tan fuerte era mi deseo de volar que, como muchos de los niños que crecieron viendo al periodista Clark Kent convertirse en superman, hasta intenté un vuelo desastroso en las escaleras de la sala.

Tales experiencias iban a alterar mis puntos de vista de modo radical. Pero no cambiaron mi deseo de una relación más profunda con Dios y con el mundo invisible que él había creado. Años más tarde he llegado a comprender su misericordia y su plan de salvación, que se realizó por medio de la vida y muerte de Jesús de Nazaret. También he llegado a apreciar y a creer la Biblia, que nos cuenta la historia reveladora del amor de Dios por nosotros y su plan para la raza humana.

Página tras página, las Escrituras describen la larga lucha entre Dios y los hombres y mujeres que él creó para que lo conocieran. Es una historia de misericordia, milagros, rebelión, traición, ira, arrepentimiento, rescates de última hora y salvación final. El reparto de personajes incluye no solo al Creador mismo y a los incontables hombres y mujeres que él ha creado, sino a los ángeles, tanto buenos como malos.

Muy a menudo, sin embargo, ignoramos el papel que los ángeles desempeñan. Muchos cristianos temen que hablar de los ángeles desviará su atención del poder y la majestad de Dios. Y a muchos otros les cuesta creer que los ángeles existen en realidad. Pero como ha dicho Juan Calvino: «Los ángeles son distribuidores y administradores de la benevolencia divina hacia nosotros; ellos se interesan por nuestra seguridad, se encargan de nuestra defensa, dirigen nuestros caminos y ejercen una solicitud constante para que no nos acontezca ningún mal».

Nos guste o no, los ángeles son actores importantes en el drama de la salvación. ¿No es tiempo de que prestemos un poco más de atención a estos poderosos y amantes aliados que Dios nos ha dado? Es cierto, hay peligros. Nunca debemos olvidar que la adoración pertenece solo a Dios, no importa todo lo hermosas o poderosas que sean algunas de sus criaturas. También debemos recordar que los ángeles son nada más que una de las formas en que Dios obra en el universo. Pascal dijo: «Nosotros creamos ángeles, pero si creamos demasiados tendremos problemas». Ellos no constituyen toda la historia, ni siquiera la parte más importante de la historia. Son solo actores secundarios, siervos del Dios vivo como nosotros. Con todo, esos temores no justifican nuestra ignorancia acerca de los ángeles. El conocer más acerca de su naturaleza y propósito nos ayudará a percibir más de la majestad de Dios y su amoroso plan para nuestra vida.

He hurgado en las páginas de la Biblia y he escuchado las historias de personas de fe con la esperanza de satisfacer mi propia curiosidad con respecto a los ángeles y ofrecer consuelo y aliento a cualquiera que desee una relación más profunda con Dios. El escepticismo y el racionalismo de nuestra época no han apagado nuestro deseo por la dimensión espiritual de la vida. Si acaso, esas actitudes más bien han creado una sed reprimida que solo Dios puede apagar.

Espero que estas reflexiones aumenten tu sed y tu deseo de conocer a Dios cuando te des cuenta de los aliados celestiales que él te ha dado. Si se lo permitimos, los ángeles pueden ser una ventana hacia Dios, ofreciéndonos una vislumbre de su poder, su bondad y sus intenciones amorosas hacia nosotros. Es tiempo de echar a un lado la perspectiva materialista del universo a favor de una que sea bíblica en su totalidad. Con este libro, espero hacer por escrito lo que un pintor llamado Sir Edward Coley Burne-Jones logró con su arte: «Cuanto más materialista se vuelva la ciencia, tanto más ángeles pintaré: sus alas son mi protesta a favor de la inmortalidad del alma».

# 1
# EL REGALO DE LOS ÁNGELES

*Toda buena dádiva y todo don perfecto descienden de lo alto,*
*donde está el Padre que creó las lumbreras celestes, y que no*
*cambia como los astros ni se mueve como las sombras.*

SANTIAGO 1:17

¿Cómo te sentirías si le dieras un regalo a alguien y se negara a abrirlo? ¿No te sentirías decepcionado y un poco herido? A veces me pregunto si es así como Dios se siente acerca de los ángeles, regalos maravillosos que nos ha dado para protegernos, inspirarnos y guiarnos con seguridad hacia él. Sin embargo, los descuidamos mediante nuestra indiferencia, ignorancia e incorregible escepticismo.

Los ángeles son parte de la provisión ingeniosa de Dios para nosotros. Por cuanto aman a Dios con tanto fervor, están en perfecto acuerdo con su voluntad. Lo que él les diga que hagan, lo hacen. A quienes él ama, ellos no pueden evitar amar. Debido a que Dios nos ama con intensidad es que podemos reclamar la maravillosa amistad de los ángeles.

¡Qué gran aliento es saber que estamos rodeados por todos lados de protectores amantes y poderosos! Pensar en los ángeles puede disminuir nuestra tristeza, fortalecer nuestra fe y alegrar nuestros corazones. G. K. Chesterton una vez dijo bromeando que «los ángeles pueden volar porque se toman a sí mismos a la ligera». Desde luego que los ángeles se toman a la ligera. Ellos mantienen las cosas en perspectiva de una manera que nosotros no podemos. Después de todo, viven en la presencia de Dios mismo. Su visión es clara, despejada de la confusión y las dudas que nosotros sufrimos. Tampoco caen presa del pecado insidioso del orgullo que nos agobia y nos encadena a nuestra propia visión estrecha del mundo. Al aprender más de los ángeles y su servicio, aprenderemos más acerca de Dios. Nuestro apetito por la vida espiritual aumentará y nuestro anhelo por conocer de una forma más íntima a nuestro Creador crecerá.

Ha llegado el momento de abrir el regalo y tener una vislumbre de estos poderosos seres espirituales. Dedica unos momentos cada día a los ángeles y pídele a Dios que los use para mostrarte con cuánto cariño y ternura él cuida de ti.

# INVITA A UN ÁNGEL A CENAR

*Te insto delante de Dios, de Cristo Jesús y de los santos ángeles, a que sigas estas instrucciones sin dejarte llevar de prejuicios ni favoritismos.*

—1 TIMOTEO 5:21

El apóstol Pablo está recordándole a su discípulo Timoteo que vivimos nuestra vida bajo el ojo del cielo. Podemos pensar que nadie nos ve cuando actuamos en privado, pero en realidad, vivimos en la presencia de Dios y del ejército del cielo.

Cuando yo era niña tenía una percepción profunda de la dimensión sobrenatural de la vida. Estaba convencida por completo, porque mis padres me lo decían, de que Dios estaba en todas partes y que a veces los ángeles lo acompañaban. Esta convicción me causaba problemas en particular a la hora del baño. Me preocupaba de que en realidad no estuviera sola mientras salpicaba feliz en la bañera o me desvestía para dormir en la noche. Estaba contenta por la compañía de Dios, pero avergonzada de que pudiera estar a mi alrededor en momentos inoportunos.

Estas eran preocupaciones infantiles, desde luego. Pero había algo saludable en mi aceptación del hecho de que la vida no terminaba en la punta de mis dedos. Existía un mundo que yo no podía tocar, oler o ver, y sin embargo sabía que era real. Al crecer, mi perspectiva infantil del mundo se redujo a la de un adulto y transcurrió algún tiempo antes de que entendiera una vez más que la vida rebosaba de posibilidades sobrenaturales.

¿Qué sería nuestra vida diaria si se le infundiera un entendimiento sacramental de la realidad? ¿Si nos diéramos cuenta de que las fronteras entre el cielo y la tierra son más como un tejido vaporoso que como el acero? ¿Criticaríamos con tanta facilidad y nos degradaríamos unos a otros si supiéramos que los ángeles están escuchando? ¿Fastidiaríamos a nuestros hijos hasta exasperarlos? ¿Nos pondríamos de mal humor cada vez que no nos salimos con la nuestra? Si creyéramos en realidad que Dios sabe lo que sucede en cada hogar y en cada corazón, ¿no sería todo diferente?

No digo esto para estimular a que «nos portemos lo mejor posible» o para que tratemos de hacer teatro delante de Dios. Eso es imposible. Pero si sabemos que Dios está presente pudiéramos preguntarnos cómo vería él la situación. Pudiéramos rogar que nos conceda su ayuda para detener una explosión airada antes de que suceda. Pudiéramos depender más de su gracia.

Dios no nos está mirando con el ceño fruncido, supervisando nuestra conducta y anotando cada infracción en su libro de reglas. En cambio, él está listo con sus ángeles para ayudarnos a ser más como su Hijo. Cuando te sientes a la mesa con tu familia, recuerda que Dios estará allí. No importa lo caótico que sea el tiempo de la cena, pregúntate si estás hospedando ángeles. Quizás haya un par de ellos sentados cerca, listos a pasar una ración adicional de gracia justo cuando más la necesites.

*Señor, restaura más de lo que salta a la vista. Después abre la cortina, solo un poco, y dame una vislumbre de tus ángeles trabajando detrás del escenario.*

# ÁNGELES EN LA TORMENTA

*El ángel del Señor acampa en torno a los que le temen; a su lado está para librarlos.*

—SALMO 34:7

A veces los ángeles acampan en los lugares más extraños, como en el guardafango de un auto en medio de una terrible tormenta invernal...

Ann Shields estaba planeando conducir desde un pueblo en el este de Ohio hasta Lewistown, Pennsylvania, un viaje de unas cuatro horas y media. Escuchar las noticias del tiempo no ayudó en nada a disminuir su ansiedad. La nieve que estaba cayendo sin cesar formaría una capa traicionera sobre los caminos de la montaña que ya estaban cubiertos de hielo.

«Padre, envía tus ángeles a protegerme», dijo en voz alta mientras daba vuelta a la llave de arranque. De repente, sintió que había dos ángeles muy grandes sentados en los guardafangos delanteros de su automóvil.

«Yo no podía verlos en realidad —explicaba más tarde— pero estaba segura de que estaban allí: enormes, jóvenes y poderosos, uno sentado en el guardafango derecho y otro en el izquierdo. Durante todo el viaje tenía la impresión de que estaban hablando y bromeando, preguntándose por qué los habían enviado a velar por mi pequeño automóvil amarillo en medio de una tormenta de nieve en Pennsylvania. Debe haberles parecido una operación insignificante, pero estaban contentos de hacer lo que Dios les había pedido. Durante todo el camino sentí una tremenda paz, la clase de paz que con toda honestidad sobrepasa todo entendimiento. Por lo general, conducir a través de esa clase de tormenta en caminos montañosos hubiera sido un asunto de extremada tensión para mí, pero este viaje fue puro placer. En el momento que me estacioné en el camino de entrada a la casa en Lewistown, los ángeles desaparecieron».

¿Quién sabe por qué Dios envió no uno, sino dos ángeles muy poderosos para manejar un automóvil pequeño a través de una tormenta invernal? Los ángeles parecían no saberlo. Puede haber sido una de sus tareas más fáciles. Pero Dios tenía sus razones.

Cualesquiera que hayan sido, Ann Shields sabe que Dios cuida de ella no importa cuál sea el problema que esté enfrentando. Y quizás eso es lo significativo. Muchos de nuestros problemas tal vez sean insignificantes cuando se ven desde la perspectiva del cielo. Sin embargo, el Padre se encarga de ellos y de nosotros. No importa lo que enfrentemos, él tiene suficiente poder disponible, sobre todo cuando se trata de cuidar de sus hijos.

*Padre, tú sabes las ansiedades y los temores que a menudo me atormentan. A veces hasta yo misma sé que son cuestiones insignificantes a la luz de la eternidad. Pero aun así no puedo dejar de preocuparme. Cámbiame, Señor, y envía tus ángeles para darme gozo y para convencerme de tu cuidado fiel.*

# LO QUE SOLAMENTE LOS ÁNGELES PUEDEN VER

*Miren que no menosprecien a uno de estos pequeños. Porque les digo que en el cielo los ángeles de ellos contemplan siempre el rostro de mi Padre celestial.*

—MATEO 18:10

La Biblia nos dice que ningún ser humano puede ver el rostro de Dios y vivir. Moisés, cuya relación con Dios fue de una intimidad extraordinaria, le suplicó que le mostrara su gloria. Sin embargo, Dios contestó: «No podrás ver mi rostro, porque nadie puede verme y seguir con vida [...] podrás verme la espalda. Pero mi rostro no lo verás» (Éxodo 33:20, 23). Con todo, cuando Moisés habló con Dios, su propio rostro brillaba con tal resplandor que tuvo que cubrirlo en la presencia de los demás. Sus compatriotas israelitas no podían soportar ni siquiera el reflejo de la gloria de Dios.

Podemos solo imaginar cómo sería ver el rostro de Dios; percibir su belleza con precisión, su poder increíble, su santidad, su amor y su majestad. Nuestra capacidad de ver a Dios varía de uno a otro, pero ninguno de nosotros, sin embargo, tiene la habilidad de conocerlo como él nos conoce a nosotros. Es como si Dios nos estuviera diciendo que todavía es muy peligroso. Sería como tratar de verter las cataratas del Niágara en un pequeño dedal. El dedal sería aplastado y destruido por completo. De este lado de la eternidad estamos todavía muy llenos de distorsiones, pecado y fragilidad para mirar a Dios cara a cara.

Sin embargo, Jesús nos dice que estos ángeles disfrutan de continuo la comunión cara a cara con Dios. Quizás por eso son tan excelentes guardianes. Saben que Dios es irresistiblemente atractivo y no son seducidos, como nosotros, a hacer ídolos de deseos inferiores. Ven la necedad de escoger cualquier cosa menos que Dios. Las cosas que nos tientan a nosotros a ellos no los tientan.

¿Cómo puede uno apreciar una mentira cuando vive en la presencia de la verdad? ¿Cómo puede uno sentirse ansioso acerca del futuro cuando ha visto lo bien que han resultado las cosas? ¿Cómo puede uno tratar de controlar su vida y la de los que están a su alrededor cuando entiende la profundidad de la sabiduría de Dios y la magnitud de su poder? ¿Por qué escogería uno la pirita de cobre cuando sabe dónde está el filón principal?

*Señor, siempre que tengo el más mínimo vislumbre de ti, anhelo más. Quiero deleitar mis ojos en ti. Purifica mi alma de su oscuridad para que ninguna sombra me haga ciega a tu presencia. Abre mis ojos para que pueda ver lo que ven los ángeles.*

# Escalera de ángeles

～

*Allí [Jacob] soñó que había una escalinata apoyada en la tierra, y cuyo extremo superior llegaba hasta el cielo. Por ella subían y bajaban los ángeles de Dios. En el sueño, el Señor estaba de pie junto a él y le decía: «Yo soy el Señor, el Dios de tu abuelo Abraham y de tu padre Isaac».*

—GÉNESIS 28:12-13

Cuando era niña, uno de mis programas favoritos era uno de historias espeluznantes, llenas de vueltas inesperadas, que siempre estimulaban mi imaginación. Cada programa contaba la historia de personas desprevenidas que estaban a punto de embarcarse en una aventura extraordinaria. Sin previo aviso, se encontraban en un mundo diferente, no distinto al suyo, pero de alguna manera extrañamente diferente. Habían cruzado a ese territorio de la mente que se conoce como la «zona crepuscular».

Jacob tuvo un sueño que lo transportó a su propia versión de la zona crepuscular. Iba de camino a Jarán, el lugar natal de su abuelo Abraham. Cuando cayó la noche, durmió bajo el cielo estrellado con solo una piedra por almohada y soñó con ángeles que subían y bajaban una escalera que conectaba el cielo y la tierra. Cuando se despertó, estaba aterrorizado y exclamó: «En realidad, el Señor está en este lugar, y yo no me había dado cuenta [...] Es nada menos que la casa de Dios; ¡es la puerta del cielo!» (Génesis 28:16-17).

La escalera en el sueño de Jacob simbolizaba la relación que existe entre el cielo y la tierra. Los ángeles suben y bajan la escalera llevando nuestras necesidades a Dios y trayéndonos su provisión. El sueño de Jacob, sin embargo, esperó su interpretación completa durante cientos de años, hasta que Jesús dijo: «Ciertamente les aseguro que ustedes verán abrirse el cielo, y a los ángeles de Dios subir y bajar sobre el Hijo del hombre» (Juan 1:51). Hasta ese momento, el eslabón entre el cielo y la tierra estaba roto por nuestra desobediencia. En Jesús quedó reparado por completo. Él es el eslabón, la escalera, la puerta entre el trono de Dios y su pueblo en la tierra.

Con todo lo asombroso que es esto, no es el final de la historia. La distancia infinita entre el cielo y la tierra, entre un Dios santo y seres humanos pecadores, la salvó un Salvador que en realidad vive en su pueblo. Aunque parezca increíble, esto significa que la escalera al cielo existe, no en algún lugar lejano, sino dentro de nuestro propio corazón. Si pertenecemos a Cristo, podemos sorprendernos como Jacob y exclamar respecto a nuestras propias almas: «¡Cuán imponente es este lugar! No es otra cosa que la casa de Dios, y la puerta del cielo».

*Padre, tu amor por nosotros es tan ardiente que no pudiste soportar el dolor de la separación. Por eso diseñaste un plan para abrir la puerta al paraíso una vez más. Gracias por darme el regalo de la vida en tu Hijo Jesús, el que vive dentro de mi alma. Ayúdame a honrar su presencia en mí. Y mientras lo hago, acércate a mí mediante el poder de Jesús y el amor de tus ángeles.*

## 2

# ÁNGELES QUE A VECES SE VEN Y OTRAS NO

❧

*Los ángeles no se someten a pruebas de tornasol, ni testifican en la corte, ni se deslizan bajo un microscopio para un examen. De manera que su existencia no se puede «probar» por medio de las reglas que por lo general usamos los humanos. Para conocer uno, quizás se requiere que estemos dispuestos a suspender el discernimiento, a abrirnos a posibilidades con las cuales solo hemos soñado.*

—JOAN WESTER ANDERSON, *en Where Angels Walk*

¿Por qué algunas personas ven ángeles mientras que otras no ven nada? En un incidente que se describe en las Escrituras, un asno ve a un ángel interceptando el camino mientras que el jinete no está consciente de la presencia del mismo (Números 22:21-35). Quizás la respuesta yace tanto con Dios como con nosotros. Primero, el Señor tiene razones que es probable que nunca entendamos para abrir los ojos de una persona y cerrar los de otra. Segundo, quizás algunos de nosotros tenemos la clase de fe sencilla que invita a los ángeles a aparecer.

Uno de mis pasatiempos favoritos cuando era niña consistía en pasar horas con mi hermano y mi hermana mayor cazando tortugas. Con redes en mano, surcábamos el lago sobre el que vivíamos buscando hocicos puntiagudos que aparecían en la superficie aquí y allá. Tan pronto como divisábamos una, comenzaba la persecución. Ellas eran rápidas, pero nosotros lo éramos aun más.

Parte del problema con la caza de tortugas es que se mezclan tan bien con su medio natural que se hace difícil verlas. Pero a nosotros nos encantaban esas criaturas y conocíamos sus hábitos y sus escondites. Decíamos que habíamos desarrollado «ojos de tortuga», la capacidad de ver tortugas donde otras personas solo veían cañas y troncos y agua turbia.

Sospecho que algunas personas han desarrollado habilidades similares cuando se trata de descubrir ángeles. Han desarrollado «ojos de ángel». Son sensibles a la variedad de maneras en las que Dios obra en nuestro mundo y están predispuestos a la posibilidad de milagros.

Confieso que nunca he visto a un ángel. Pero cuando reflexiono acerca de mi vida, percibo las huellas de su presencia. Mientras lees estas meditaciones breves, dedica algún tiempo para pensar acerca de tu propia vida. Quizás, solo quizás, los ángeles estaban muy ocupados y tú ni siquiera lo sabías.

# UN EJÉRCITO DE ÁNGELES

*Entonces Eliseo oró: «Señor, ábrele a Guiezi los ojos para que vea.» El Señor así lo hizo, y el criado vio que la colina estaba llena de caballos y de carros de fuego alrededor de Eliseo.*

—2 REYES 6:17

A veces nos sentimos rodeados de inconvenientes y dificultades, acosados por todos lados por problemas de una clase u otra. Este era el caso de Eliseo, un profeta del Antiguo Testamento que había provocado la ira de uno los reyes locales. Él y su criado se despertaron una mañana para encontrarse rodeados por un ejército que intentaba capturarlos. El ejército los superaba en armas, en hombres y en tácticas.

La calma de Eliseo compensaba el terror de su criado. Él vio algo que nadie más vio. Aunque parecía que a Eliseo lo superaban en número, sus enemigos en realidad estaban rodeados por un vasto ejército angelical. Eliseo oró que Dios abriera los ojos de su criado asustado para que pudiera percibir lo que estaba sucediendo en verdad: que Dios había planeado una emboscada celestial para protegerlos.

La historia de Eliseo nos enseña que hay algunas cosas que solo pueden verse con los ojos de la fe. Sin embargo, la fe es algo que no surge en nosotros con naturalidad. Queremos gustar, tocar y ver por nosotros mismos antes de creer.

Hace algunos años, la ansiedad respecto a su futuro estaba consumiendo a una amiga mía. Mientras expresaba sus aprensiones, dijo algo que resume nuestra lucha para creer: «Si solo pudiera ver lo que va a suceder, podría confiar en Dios». Sin embargo, lo más importante de la fe está en que la necesitamos porque no podemos ver el futuro.

Mi amiga estaba cometiendo la misma falta que yo cometo a menudo. Ella estaba identificando la fe con cierta clase de resultado. Si las cosas resultaban como esperaba, entonces creería. Pero nuestra fe nos defraudará si la vinculamos a un conjunto de circunstancias. Llegará a ser más como un pensamiento positivo que fe verdadera. En cambio, la fe que nos alimenta significa tener confianza en alguien más bien que en algo; en el carácter de un Dios que es tan amoroso como poderoso para salvarnos. Dios no nos pide que confiemos en él ciegamente, sino que se revela a sí mismo mediante las Escrituras y nuestra propia experiencia para convencernos de que es digno de confianza.

Dios puede o no mandar un ejército de ángeles a rescatarnos, pero podemos estar seguros de que proveerá para nosotros. Sabemos que él ve a la vuelta de las curvas que nosotros no sabemos ni siquiera que existen. Cuanto más confiamos en que él proveerá, tanto más crecerá nuestra fe. Tal vez no tengamos visiones sobrenaturales como la que tuvo Eliseo, pero desarrollaremos una percepción espiritual aguda mientras nuestra fe aumenta. Con ángeles o sin ellos, sabremos sin ninguna duda que nuestro Dios es fiel.

*Señor, a veces desearía que me entregaras una bola de cristal para poder leer el futuro. Pero sé que tú prefieres sorprenderme. Ayúdame a entender que mi seguridad viene de poner mi confianza en ti, no de saber lo que va a suceder pasado mañana o durante el resto de mi vida.*

# A VECES LOS ÁNGELES
# NO VUELAN

~

*Él mismo los salvó; no envió un emisario ni un ángel.*

—Isaías 63:9

Mi padre fue piloto de caza durante la Segunda Guerra Mundial. Hacía vuelos en misiones de combate para la fuerza aérea en Italia, Francia y Alemania. Cuando niña me gustaba escuchar que él le llamaba a su avión caza bombardero «preciosidad», el apodo que le daba a mi madre, con quien se había comprometido durante la guerra.

Hace algunos años me contó una historia acerca de su experiencia durante la guerra que me hizo estremecer de terror. Era abril de 1945 y la guerra en Europa estaba a punto de terminar. Él estaba dirigiendo una misión de reconocimiento en Alemania Central cuando su escuadrón descubrió un campo aéreo enemigo. Más tarde les ordenaron regresar a la zona a destruir dicho campo, lo que hicieron con gusto.

«Bombardeamos los hangares y ametrallamos el campo hasta que no quedó casi nada. Se destruyeron tantos aviones ese día que nuestro oficial al mando nos nominó para una mención presidencial. Para documentar el éxito de la misión, me enviaron de vuelta al campo con otros dos hombres a fotografiar los restos.

»Una vez en tierra, nos dimos cuenta de que algunos de los aviones estaban todavía en bastante buena condición. Uno de ellos era un avión de combate. Pensamos que sería un lindo premio para la fuerza aérea, así que decidimos volar en él de regreso a nuestra base. Subí a la cabina, pero cuando procuré arrancar el motor, no sucedió nada. La batería estaba muerta, de manera que dejamos el avión donde estaba. Más tarde, me enteré de que estaba lleno de trampas explosivas en los huecos de las ruedas. Si el avión hubiera arrancado, la explosión me hubiera desintegrado».

No pude evitar pensar en lo diferente que hubieran sido las cosas si aquel día la batería hubiera funcionado. Mi padre nunca hubiera regresado; sus cinco hijos (incluyéndome a mí) nunca hubiéramos nacido; mi madre se hubiera casado con otro hombre; ustedes nunca hubieran leído este libro... Me es difícil dejar de pensar en las repercusiones. Gracias a Dios por un fallo mecánico. Me pregunto si en realidad fue un fallo. ¿Protegió Dios la vida de mi padre por todo lo que iba a suceder? Puedes llamarle una coincidencia, pero yo creo que fue un acto de la Providencia. Tal vez no haya sido un ángel, pero por otro lado...

*Padre, me maravillo de lo bien que tú cuidas de nosotros. Gracias por velar por cada miembro de mi familia... por mi padre y mi madre, mi cónyuge, mis hijos. No hay un momento en nuestra vida en que tus ojos amorosos no nos vean. Hasta cuentas los cabellos de nuestra cabeza. Ayúdame a recordar esto cuando comience a atemorizarme y a preocuparme por aquellos a quienes amo más.*

# ¿SOLO UNA COINCIDENCIA?

~

*¿No son todos los ángeles espíritus dedicados al servicio divino, envia-*
*dos para ayudar a los que han de heredar la salvación?*

—HEBREOS 1:14

Detesto admitirlo, pero llegué a la mayoría de edad al final de la década de los años sesenta y principio de los setenta, una peculiar «época de cambios» cuando todo estaba en subasta pública, incluyendo los valores morales que habían formado mi vida desde el principio. Como millones de otros estudiantes universitarios, yo estaba experimentando con ideas nuevas, relaciones nuevas y una perspectiva nueva de la vida.

En mi búsqueda de diversión y satisfacción, me encaminé hacia el oeste del país por unos meses para «buscar mi identidad». Con trescientos dólares en el bolsillo, emprendí un viaje que iba a destrozar mi ingenuidad y al fin conducirme a Cristo. No obstante, había muchas aventuras a lo largo del camino.

Una de ellas tuvo lugar en San Francisco, donde mi acompañante de viaje y yo llegamos después de llevar varias semanas en el camino. Esperábamos encontrarnos con otra amiga que iba a llegar unos días después. Para entonces, mis trescientos dólares se habían reducido a casi nada. No tenía suficiente dinero, ni siquiera para comprarme una novela de bolsillo. Para ahorrar dinero en esa ciudad carísima estábamos hospedándonos con amigos de otros amigos nuestros, los que resultaron estar metidos en cosas que desvirtuaron hasta mi visión del mundo.

Pasamos nuestro primer día en una lavandería automática atestada de público, lavando gran cantidad de ropa sucia. Era un trabajo arduo, pero alguien tenía que hacerlo. De repente, observé a un hombre de baja estatura y hombros encogidos que arrastraba una carretilla de libros. Divisé al anciano a través de la ventana mientras doblaba la esquina y entraba en la lavandería. Avanzó sin detenerse hasta llegar donde estábamos mi amiga y yo. Enseguida fue al grano. ¿Me gustaría quedarme con algunos libros que la librería del barrio chino había descartado? Sorprendida a la vez que complacida, escogí un montón y cuando quise acordar, el hombre se esfumó. No había hablado con nadie más que conmigo y se había ido tan pronto me dio los libros. Pareció extraño en ese instante, pero me sentí agradecida por tener al fin algo que leer.

Esos libros resultaron ser un verdadero salvavidas. Estaba tan absorta en la lectura de ellos que no tenía la menor idea de lo que estaba sucediendo en el resto del apartamento. Mientras salíamos de San Francisco y nos encaminábamos hacia Los Ángeles, mi amiga describió lo que yo había estado demasiado absorta para notar. Parece que un desfile de personas había estado inyectándose drogas de las poderosas en ese apartamento. Dos años después, uno de los amigos con quienes nos quedamos murió de una sobredosis de droga.

Después de una breve parada en Los Ángeles, llegamos a Phoenix (Arizona), donde algunos amigos me hablaron del evangelio de una manera nueva y poderosa. Fue el comienzo de mi largo camino hacia la conversión.

¿Entró un ángel ese día en la lavandería con un método ingenioso para librarme de dificultades? ¿O fue mi encuentro con el ancianito una simple coincidencia? En realidad no lo sé. Lo que sí sé es que los ángeles son «enviados para servicio a favor de los que serán herederos de la salvación». Y aunque entonces no lo sabía, ya estaba en camino.

*Padre, tu creatividad no tiene fin. Tú inventas un millón de estrategias para mantenernos seguros. Gracias por acercarte a mí cuando todavía estaba muy lejos de ti. Estoy agradecida por tus ángeles y por las formas ocultas en que ellos velan por mí.*

# ADVERSARIOS ANGELICALES

*El Señor abrió los ojos de Balán, y éste pudo ver al ángel del Señor en el camino y empuñando la espada [...] El ángel del Señor le preguntó: «¿Por qué golpeaste tres veces a tu burra? ¿No te das cuenta de que vengo dispuesto a no dejarte pasar porque he visto que tus caminos son malos?».*

—NÚMEROS 22:31-32

Balán tenía dones proféticos. Por esa razón el rey de Moab lo había convocado. Él quería que Balán le echara una maldición a los israelitas que estaban acampados cerca de allí. En el camino, Balán encontró un ángel terrible que le obstruyó el paso. Su burra vio el ángel, pero Balán no. Cuando el animal se resistió a moverse, Balán continuó golpeando a la bestia para obligarla a levantarse. Entonces Dios le abrió los ojos y el ángel le habló.

Esta historia nos enseña que a veces los ángeles nos obstruyen el camino porque vamos en la dirección equivocada. Eso es lo que me sucedió a mí hace algunos años. Estaba trabajando a fin de lograr un contrato comercial al que aspiraban también otras compañías. Traté todo lo que se me ocurrió, pero de continuo surgía un obstáculo tras otro. Yo estaba frustrada, pero rehusaba darme por vencida. La persistencia es una de mis virtudes profesionales. Es también uno de mis vicios.

Sin embargo, al fin dejé de perseguir el asunto. Más adelante, las circunstancias mostraron con claridad que hubiera sido un error proseguir. No lo podía ver en aquel momento, pero ahora creo que Dios estaba obstruyendo el camino para impedir que mi compañía participara en algo que hubiera resultado mal en todos los sentidos. Quizás si le hubiera pedido a él que me mostrara lo que estaba sucediendo hubiera perdido menos tiempo y energía. Yo no veía la situación con claridad. Pensaba que sabía cuál era el mejor camino a tomar y con tenacidad lo seguí.

La primera carta de Pablo a los corintios lo dice de esta manera: «Ahora vemos de manera indirecta y velada, como en un espejo; pero entonces veremos cara a cara. Ahora conozco de manera imperfecta, pero entonces conoceré tal y como soy conocido» (1 Corintios 13:12). En este mundo nuestra visión está nublada. A menos que el Señor abra nuestros ojos no podremos ver las cosas como son. Hasta podemos orar contra la obra de Satanás, solo para descubrir que estábamos oponiéndonos a Dios mismo.

Quizás te sientas frustrado de alguna manera. Tal vez estés metido en una relación que no conduce a nada, un trato comercial que se ha malogrado, un ministerio que está lleno de dificultades. ¿Cómo sabes si estás bajo un ataque espiritual o si es que un ángel del Señor está tratando de decirte algo? En lugar de suponer que sabes cuál es la voluntad de Dios, detente y pídele sabiduría. Ora para que te ayude a discernir lo que está sucediendo en realidad. ¿Es esta una situación que demanda resistencia y perseverancia o está Dios tratando de señalarte otra dirección para ti o tu ministerio?

Resiste a la tentación de continuar golpeando a tu burra en particular; de obligarla a caminar en la senda que tú has escogido. Pídele a Dios con humildad que te guíe y él te mostrará si uno de sus ángeles está obstruyendo el camino. Si es así, no te atrevas a correr el riesgo de seguir adelante.

*Padre, tú tienes ojos que pueden ver hasta el infinito mientras que yo no puedo prever ni siquiera lo que está al dar vuelta la esquina. Perdóname por las veces que he persistido con obstinación en el camino equivocado. Hazme más sensible a tus ángeles y a tu Santo Espíritu, para que por lo menos tenga la percepción de la burra de Balán de quedarme quieta y escuchar, de permitir que me hagas dar la vuelta y encaminarme en otra dirección.*

# 3

# ÁNGELES PARA QUE NOS GUARDEN

*Dondequiera que vamos, los ángeles prestan atención a nuestros pasos no importa lo que acontezca. Con cuidado vigilante prestan atención a su responsabilidad y desvían el mal.*

CARLOS WESLEY

Vivimos en un mundo peligroso. En cualquier momento nuestro futuro puede desaparecer debido a un ataque al corazón, un accidente o un cuchillo en las manos de un intruso. Peor que nuestra ansiedad por nuestra propia vida es la preocupación por nuestros hijos. Parecen indefensos contra un mundo agresivo y nuestra capacidad para defenderlos es a menudo inadecuada.

Gracias a Dios, que él no los ha dejado a ellos ni a nosotros sin recurso. Una de las formas en que él nos protege es mediante guardianes angelicales. Aunque los cristianos difieren en cuanto a si cada uno de nosotros tiene asignado un ángel de la guarda, la mayoría está de acuerdo en que los ángeles velan por nosotros de una manera o de otra.

En realidad, las Escrituras están repletas de las hazañas de los ángeles. Ellos ciegan a los guardias de una prisión para ayudar a los creyentes a escapar. Rompen cadenas como si estuvieran rompiendo elásticos. Transportan personas de un lugar a otro. Imparten valor en momentos de terror. Confunden ejércitos con su ferocidad. En el mundo de hoy actúan a menudo en maneras ocultas para preservar una vida, proteger una iglesia y hasta para salvar una nación. Siempre trabajan para llevar a cabo la voluntad de Dios. Quizás sus grandes logros tengan que ver más con proteger a hombres y mujeres del daño espiritual que del humano.

Cuando te sientas tentado a tener temor, por ti mismo o por tus hijos, recuerda que tienes la ventaja de los ángeles, poderosos seres sobrenaturales que velan siempre por ti. Aunque no los veas, están vigilantes para poner un brazo amoroso entre el peligro y tú. Toma un momento y pídele a Dios que aumente tu confianza en su provisión y que te ayude a cooperar con los ángeles para que puedan cuidarte con gozo.

# UN ÁNGEL A BORDO

*Anoche se me apareció un ángel del Dios a quien pertenezco y a quien sirvo, y me dijo: «No tengas miedo, Pablo. Tienes que comparecer ante el emperador; y Dios te ha concedido la vida de todos los que navegan contigo». Así que ¡ánimo, señores! Confío en Dios que sucederá tal y como se me dijo.*

—HECHOS 27:23-25

A Pablo lo habían arrestado en Jerusalén, después que se produjo un disturbio de parte de los que estaban opuestos al mensaje que él había predicado en el templo. Ahora estaba a bordo de un buque alejandrino en dirección a Roma, donde tenía que presentar su defensa ante el emperador. También había soldados a bordo que conducían a Pablo y a un grupo de otros prisioneros a Roma.

En camino hacia un puerto seguro en Creta, donde la tripulación y los pasajeros planeaban esperar durante los meses peligrosos de invierno, el buque se enfrentó con una violenta tempestad. La tormenta era tan furiosa que hubo que lanzar por la borda toda la carga y los aparejos del barco para aligerarlo. Durante varios días el lúgubre firmamento se negaba a revelar ni un rastro de sol o estrellas.

Por fin, cuando la esperanza se había convertido en el sueño de los muertos, Pablo les contó a los otros respecto a su encuentro con un ángel. Igual que ellos, Pablo se había aterrorizado con la tormenta. Pero el ángel calmó sus temores y le aseguró que Dios cumpliría su propósito con él: llegaría seguro a Roma, donde comparecería ante el emperador y daría testimonio de su fe. No solo eso, sino que Dios le había concedido una travesía segura a todos los que estaban a bordo.

El ángel impartió nuevo valor a Pablo. A su vez, Pablo pudo alentar a otros. Estaba seguro de que el resultado sería exactamente como el ángel le había dicho.

Sin embargo, algunos de los miembros de la tripulación no tenían la fe de Pablo. Unos días después trataron de saltar del barco para salvarse. Los soldados no fueron mucho mejores. En caso de naufragio planeaban matar a todos los prisioneros para que ninguno se escapara.

Con todo, los sucesos evidenciaron que Pablo tenía razón acerca de las palabras del ángel. Todo sucedió tal como el ángel dijo que sucedería. El buque chocó con un arrecife y se abrió en dos, pero todos los pasajeros escaparon a lugar seguro en la isla de Malta. Y Pablo se trasladó a Roma más adelante para defender su caso.

Pablo habla acerca de su ayudador celestial como un «ángel del Dios a quien pertenezco». Él sabía que su vida y su futuro estaban en las manos de Dios. Lo mismo ocurre con cada hombre y mujer que ama a Dios. Como Pablo, podemos esperar que Dios provea para nosotros de una manera sobrenatural. Cuando nos encontramos en el mar sin saber qué dirección tomar o cuando encontramos que somos víctimas de alguna clase de desastre o naufragio, podemos repetir las palabras del salmista: «Clamo al Dios Altísimo, al Dios que me brinda su apoyo» (Salmo 57:2).

Puesto que Dios tiene un plan y un propósito para cada uno de nosotros, no importa lo tempestuosas que sean las circunstancias. Como Pablo podemos hallar valor en la palabra que Dios nos diga. Y al tener más valor podemos, a la vez, animar a los que están a nuestro alrededor. Quizás el Dios a quien pertenecemos envíe un ángel para que esté cerca en nuestro tiempo de mayor necesidad.

*Padre mío, a veces siento como si olas enormes me fueran a tragar entera. Estoy asustada y confundida, y sin embargo sé que me amas y me cuidas. Aun cuando mis planes pueden fracasar y mis circunstancias pueden terminar en naufragio, sé que puedo clamar a ti y que todavía cumplirás tus propósitos en mí.*

# El niñito y el ángel

❦

*Porque él ordenará que sus ángeles te cuiden en todos tus caminos. Con sus propias manos te levantarán para que no tropieces con piedra alguna.*

—Salmo 91:11-12

Cuando yo era una adolescente, hablaba como adolescente, pensaba como adolescente y conducía como adolescente. En realidad, me encantaba conducir el auto convertible de mi madre al máximo de velocidad, tanto en la ciudad como en la carretera. Era joven. Era indestructible. Era necia.

Una mañana del mes de Julio llegué hasta la entrada de la casa de una amiga. Habíamos planeado pasar un día en la playa y el tiempo estaba maravilloso. Teníamos prisa en salir lo antes posible a dar caza a todos los rayos de sol que hubiera. Ella subió y yo estaba a punto de acelerar dando marcha atrás de la manera entusiasta que me caracterizaba. De repente, escuche gritos y alaridos que venían de la casa de al lado. Cuando me di vuelta a mirar, observé que los vecinos venían corriendo frenéticamente hacia donde estábamos.

Entonces nos dimos cuenta de lo que había ocurrido. Un niñito rubio, montado en un triciclo, iba aferrado muy tranquilo al guardafango trasero de mi auto, inconsciente del peligro. Era imposible que yo lo hubiera visto mientras me preparaba a dar marcha atrás. Unos momentos más y el niñito hubiera quedado deshecho bajo las ruedas de mi auto.

No tengo ninguna duda de que el ángel de la guarda del niño estaba de turno ese día. Y quizás mi ángel tuvo algo que ver también. El horror de ese momento me hubiera perseguido por el resto de mi vida: haber sido la causa involuntaria de la muerte de un niñito. Le he dado gracias a Dios muchas veces porque él me libró de esa angustia en particular.

¿Quién sabe cuántas veces tu ángel de la guarda te ha salvado de una tragedia u otra? Es cierto que algunos de nuestros ángeles tienen que responder a las circunstancias más a menudo que otros. Mi padre, que ha tenido una buena cantidad de encuentros con la muerte, piensa que él debe haber agotado a varios ángeles guardianes en el transcurso de su vida. (Me imagino que el suyo tomó unas cuantas bien merecidas vacaciones en lugar de optar por una jubilación anticipada).

Desde luego, lo importante no es ver quién puede hacer a sus ángeles de la guarda correr más rápido y saltar más alto, sino más bien darle gracias a Dios por su cuidado amoroso por nosotros, «por ordenar a sus ángeles que nos cuiden en todos nuestros caminos».

*Padre, ¿cuántas veces me has librado de alguna catástrofe que yo ni siquiera sabía que me amenazaba? ¿Cuántas veces enviaste un ángel para rescatarme sin que yo lo sospechara? Gracias, Señor, porque haces a tus ángeles como el viento y a tus siervos como llamas de fuego, siervos celestiales para guardarnos seguros.*

# Un milagro en Johannesburgo

❧

*Yo envío mi ángel delante de ti, para que te proteja en el camino y te lleve al lugar que te he preparado.*

—Éxodo 23:20

Chris y Jan estaban en un aeropuerto lleno de gente en Johannesburgo, África del Sur, en la tarde de un viernes caluroso. Había sido un día difícil. Habían perdido su vuelo a Zimbabue y estaban en la lista de espera para el vuelo siguiente. De repente, despacharon boletos y anunciaron por los altoparlantes que el vuelo partiría en seguida. Todos los pasajeros debían dirigirse de inmediato hacia la puerta de embarque.

Mientras reunían sus cosas para abordar el vuelo, se dieron cuenta de que cientos de pasajeros acalorados y cargados corrían en la misma dirección. «Debe haber habido un centenar personas agolpándose para bajar la escalera mecánica y un gentío inmenso que venía detrás de ellos», explicaba Chris. «Enfrente de nosotros había una señora bajita y rechoncha de apariencia griega que cargaba maletas al parecer muy pesadas para ella. Estaba tan sobrecargada que no podía sujetarse de los pasamanos.

»De repente, cayó hacia atrás sobre los escalones. Era imposible que se pusiera de pie por sí misma y aunque tratamos, nosotros tampoco pudimos ayudarla. Todo estaba sucediendo muy rápido. En un momento, la pobre señora llegaría al final de la escalera y el resto de nosotros caeríamos de bruces sobre ella, aplastándola. Al mismo tiempo, yo sabía que la masa humana que venía detrás podía aplastar a unos cuantos de nosotros. Jan y yo gritamos: "¡Señor, ayúdanos!", y sucedió lo más asombroso. De repente, la mujer rechoncha literalmente flotó en el aire y se puso de pie. Las maletas estaban a su lado en perfecto orden y llegamos a tiempo para nuestro vuelo.

»Jan y yo sentimos que los ángeles la habían levantado. Sabemos que en realidad lo que sucedió fue algo sobrenatural. Clamamos a Dios y nos escuchó. Él salvó muchas vidas ese día, inclusive la nuestra».

La Biblia nos dice que el Señor nos sostiene en la palma de su mano, que aquí abajo están los brazos eternos de un Dios poderoso. En el frenesí de esa experiencia, Chris y Jan nunca alcanzaron a hablar del asunto con la mujer que de pronto se puso de pie. Si lo hubieran hecho, quizás les hubiera descrito unos fuertes brazos que la sostuvieron y que la protegieron para que pudiera continuar su viaje.

*Padre, nunca sé cuándo una situación corriente puede convertirse en amenazante, pero tú sí lo sabes. Ya sea que mi peligro sea físico, espiritual o emocional, sé que tus brazos fuertes y los brazos de tus ángeles poderosos están ahí para sostenerme cuando me siento demasiado débil para estar de pie. Gracias, Dios, por levantarme siempre que me caigo.*

# LIBERTADO POR UN ÁNGEL

~~~

*La misma noche en que Herodes estaba a punto de sacar a Pedro para someterlo a juicio, éste dormía entre dos soldados, sujeto con dos cadenas. Unos guardias vigilaban la entrada de la cárcel. De repente apareció un ángel del Señor y una luz resplandeció en la celda. Despertó a Pedro con unas palmadas en el costado y le dijo: «¡Date prisa, levántate!» Las cadenas cayeron de las manos de Pedro.*

—HECHOS 12:6-7

Si has estado alguna vez en Roma es posible que hayas visitado iglesia de San Pedro en Cadenas, que afirma tener en exhibición las cadenas que se mencionan en este pasaje. Yo no pudiera decir si en realidad son las cadenas de Pedro. No obstante, esa iglesia nos recuerda que Pedro en realidad fue liberado por un ángel mientras estaba preso en Jerusalén.

Poco antes del arresto de Pedro, el rey Herodes Agripa había mandado matar al apóstol Santiago. Las personas parecían complacidas por esta ejecución, de forma que Herodes se envalentonó y arrestó a Pedro. Lo entregó a cuatro escuadrones de soldados que lo iban a custodiar de día y de noche. Cuando los creyentes en la ciudad oyeron la noticia funesta, oraron con fervor por la liberación de Pedro.

Una noche, mientras Pedro estaba durmiendo, flanqueado a ambos lados por guardias, su ángel vino y lo despertó. Se suponía que al día siguiente iban a llevar a Pedro ante el pueblo, casi con seguridad para ser ejecutado. Pero ahora las cadenas se le cayeron literalmente de las muñecas y salió libre de la prisión.

Se necesitó solo un ángel de la guarda para burlar a cuatro escuadrones de soldados que estaban haciendo guardia. Herodes se puso tan furioso cuando supo de la fuga de Pedro que ejecutó a los guardias.

Pedro mismo apenas podía creer lo que había sucedido. Fue directamente a la casa de unos creyentes en la ciudad. Cuando tocó a la puerta, una criada llamada Rode respondió. Pero se emocionó tanto de verlo que lo dejó parado a la puerta y corrió a darle la noticia a los demás que de inmediato le dijeron que debía estar loca. Habían orado por Pedro, pero no podían creer que Dios había contestado sus oraciones. Mientras tanto, Pedro el fugitivo estaba parado en los escalones esperando con no poca ansiedad que alguien lo dejara entrar.

De la historia de Pedro aprendemos que nuestros ángeles poseen un poder que es mucho más grande que los poderes del mal que nos amenaza. También aprendemos que Dios escucha las oraciones de su pueblo a pesar de la poca fe de este. Dios tenía un plan para Pedro y para su pueblo que ninguna estratagema malvada de su enemigo podía socavar. Él permitió que Santiago muriera como mártir. Pero a Pedro lo salvó para otro propósito mediante la intervención de un ángel.

El evangelio está encadenado en muchas partes del mundo en la actualidad y muchos creyentes sufren como resultado de eso. Tenemos que orar sobre todo por los que son heraldos de las buenas nuevas para que Dios envíe sus ángeles a abrir las puertas de las prisiones y que muchas personas puedan llegar a conocer su misericordia y su perdón. No importa cuán fuerte sea la oposición, Dios puede enviar ángeles poderosos que con un toque vencen toda resistencia.

*Señor, sé que muchos de tus hijos en todo el mundo están sufriendo y muriendo como mártires por su fe. Te pido que tú confundas y frustres a todo tirano terrenal y espiritual que intenta silenciar las buenas nuevas. Envía a tus ángeles a desalojar las prisiones donde mis hermanos y hermanas están detenidos y capacítalos para predicar tu Palabra aun con más poder.*

# 4

# ÁNGELES CON UN MENSAJE

*Es de la competencia del conocimiento hablar y
es privilegio de la sabiduría escuchar.*

OLIVER WENDELL HOLMES

Los ángeles desempeñan diversos papeles sobrenaturales en la estructura del universo. Aunque parece que prefieren el de mensajero. En realidad, en la Biblia se les menciona más a menudo como mensajeros. La palabra «ángel» se deriva del griego *angelos*, que a su vez se traduce en hebreo *mal'ak*, que significa «mensajero».

Los ángeles no son simples carteros celestiales que traen cartas de amor, ofertas especiales o demandas urgentes de pago desde el cielo a la tierra. Su papel tiene una dignidad mucho mayor. Pudiera decirse que son más bien embajadores que representan la presencia misma de Dios y sus intenciones.

Quizás por eso a menudo parecen aterrorizar a las personas, que experimentan el mismo sobrecogimiento que sentirían en la presencia de un Dios santo. Con frecuencia, las primeras palabras de los ángeles son «no temas». El ángel Gabriel, cuyo papel principal parece ser el de mensajero, les dijo a María y a Zacarías que no tuvieran temor cuando les habló del nacimiento de Jesús y de Juan el Bautista.

¿Hablan los ángeles todavía? ¿O están en silencio ahora que se ha cerrado el canon de las Escrituras? Es cierto que los ángeles no pueden añadir ni quitar a lo revelado en la Biblia, pero yo creo que todavía transmiten mensajes del cielo a la tierra. A menudo, lo que pensamos que son simples coincidencias pueden en realidad ser aspectos de la providencia divina obrando en nuestra vida.

¿Recuerdas la ocasión en que no viste un auto que se aproximaba hasta que fue casi demasiado tarde? ¿Qué te hizo mirar justo a tiempo? O quizás una amiga llamó, sin saber que necesitabas tanto de esa llamada. A lo mejor otra persona dijo algo que te ayudó a solucionar una necesidad íntima. ¿Habrán estado los ángeles hablando, susurrando un mensaje de parte de Dios?

Si tenemos oídos para escuchar, Dios con seguridad nos hablará y a veces hasta usará un ángel para recordarnos de su misericordia y guiarnos a lo largo del camino.

# Un ángel y dos milagros

◈

*El ángel se acercó a ella y le dijo: «¡Te saludo, tú que has recibido el favor de Dios! El Señor está contigo [...] No tengas miedo, María; Dios te ha concedido su favor».*

—Lucas 1:28, 30

Con estas palabras sorprendentes el ángel Gabriel le anunció a María que daría a luz un hijo que heredaría el trono del gran rey David.

Al poco tiempo, María visitó a su prima Elizabet que vivía en un pueblo en las colinas de Judea. Fue el encuentro de dos milagros opuestos: una muchacha que había concebido un hijo de forma sobrenatural y una mujer estéril cuyo vientre de repente se había henchido de vida.

El saludo de Elizabet resonó en los oídos de María: «¡Bendita tú entre las mujeres, y bendito el hijo que darás a luz!» (Lucas 1:42).

¡Qué extraño y maravilloso, ser llamada «favorecida» por un ángel y después «Bendita tú entre las mujeres» por Elizabet, la estéril que se había llamado a sí misma «infeliz» toda su vida de casada!

Sin embargo, me pregunto si estos saludos vinieron a atormentar a María años más tarde. ¿Acaso la terrible ironía de las palabras «bendita tú» laceraron su alma mientras contemplaba a su hijo tambalearse cuando atravesaba Jerusalén llevando su cruz al Calvario, el monte de la agonía indecible? ¿Acaso la promesa del ángel de que su hijo sería llamado «Hijo del Altísimo» resonaba burlona en sus oídos mientras miraba la nota que colocaron sobre su cabeza: «Jesús de Nazaret, Rey de los judíos»?

La asaltaría alguna vez la tentación de pensar: «¡Dios, si esto es lo que significa ser bendita, no quiero tu bendición!».

No lo sabemos. Las Escrituras guardan silencio. Solo podemos hacernos estas preguntas. Sin embargo, sí sabemos que María se encontraba con los discípulos en el aposento alto cuando el Espíritu Santo descendió sobre ellos como fuego. Al igual que ellos, estaba orando y buscando de Dios, sin duda escudriñando su propia alma, pero todavía aferrándose a sus promesas.

La tenacidad de María ante la confusión, la ansiedad, la decepción y el tremendo dolor puede ser una fuente de consuelo y fortaleza. ¿Has recibido alguna vez un mensaje de Dios, una promesa o una bendición, solo para descubrir que tu definición de bendición o tu tiempo y el de él no sincronizaban? María puede haberse preguntado, igual que tú, si en realidad había escuchado a Dios o solo lo había imaginado. Quizás pensó que había albergado delirios de grandeza. ¿Por qué iba Dios a enviarle un mensajero angelical a ella, una mujer insignificante de Nazaret? Sin embargo, ella sabía que él lo había hecho.

Tal vez hayas sentido la presencia de un ángel susurrándote acerca del amor de Dios y de su fidelidad. Resiste la tentación de pasar por alto algo que Dios te haya dicho mediante su Palabra. Reconoce que es posible que no entiendas por completo lo que él ha dicho o prometido, pero pídele que te muestre y te dé fe mientras se revela su palabra. No te desalientes si no sientes la bendición de inmediato. Ten fe en el Padre y en el tiempo que él elige. Decir que su tiempo es perfecto no es ser ingenuo. Es la pura verdad.

Recuerda que Satanás te echará en cara las promesas de Dios en los momentos más desfavorables. Pondrá en tela de juicio la certeza que tienes de que Dios de verdad te ama justo en el momento en que no puedes valerte por ti mismo. Tratará de sembrar la duda en tu mente para socavar la Palabra de Dios. No se lo permitas. Practica la fe tenaz de María, de Elizabet y la de Jesús mismo. Si lo haces, tal vez te toque sufrir por un tiempo, pero con seguridad recibirás grandes bendiciones de un Dios lleno de gracia.

*Padre, a veces parece que estás haciendo de mi vida una historia que no tiene sentido. Las cosas no han sucedido como yo había imaginado ni esperado. Confieso mi decepción. Sin embargo, sé que no he leído el final de la historia que tú estás escribiendo. Señor, tú sabes lo que estás haciendo. Aumenta mi fe y revela toda la trama.*

# NUNCA DUDES DE UN ÁNGEL

❧

*En esto un ángel del Señor se le apareció a Zacarías a la derecha del altar del incienso. Al verlo, Zacarías se asustó, y el temor se apoderó de él. El ángel le dijo: «No tengas miedo, Zacarías, pues ha sido escuchada tu oración. Tu esposa Elisabet te dará un hijo, y le pondrás por nombre Juan».*

—LUCAS 1:11-13

El ángel Gabriel debe haberse acostumbrado a asustar a las personas. En este caso, le dio un gran susto al padre de Juan el Bautista.

Zacarías y Sara habían estado orando durante años por un hijo, sin resultado aparente. Ahora, mientras Zacarías servía en el templo, se le apareció un ángel que se paró cerca del altar del incienso. En las Escrituras, el incienso simboliza las oraciones que ascienden al cielo. El ángel estaba parado cerca del altar en el que el pueblo judío ofrecía sus oraciones a Dios. De modo que a Gabriel le correspondía anunciar la respuesta a la oración de Zacarías de esta manera. Dios había escuchado no solo la oración de esta pareja sin hijos, sino la de todos los judíos también. El hijo prometido sería un precursor del Mesías, aquel que libraría a los judíos de su esclavitud.

La reacción de Zacarías siempre me asombra. Aunque estaba asustado por la aparición del ángel, se atrevió a dudar del mensaje angelical: «¿Cómo puedo saber que estás diciendo la verdad? Elizabet y yo somos demasiado viejos para tener hijos». La presencia de un ángel espectacular no fue suficiente para convencer a este escéptico. Él quería una prueba positiva. Sin embargo, por el contrario, recibió un castigo por no creerle a Gabriel. El ángel hizo que quedara mudo hasta que naciera el hijo prometido.

¿Has orado alguna vez por algo muy difícil de creer? En tu corazón dudas de que Dios puede hacer o de que hará lo que le estás pidiendo. Aun cuando Dios dice sí, la duda en nuestro corazón a menudo se hace aparente. En vez de borrar los últimos vestigios de incredulidad, nos aferramos a ella, como hizo Zacarías.

Dios ya nos ha prometido muchas cosas en la Biblia. Él nos dice que nos ama y que nos perdona, que no hay ningún pecado del que Jesucristo no nos pueda salvar. Piensa en el peor pecado que puedas imaginar. Es posible que hayas leído en el periódico de hoy acerca de alguien que cometió ese pecado: una mujer que asesinó a la amante de su esposo, un ministro que abusó de unos niños, un dictador que masacró a miles de su propio pueblo, un asesino en serie que ataca a las mujeres. Jesús murió para salvar personas como esas. Si esto es verdad, ¿por qué nos resulta tan difícil creer que Dios puede perdonar la clase de pecados habituales de los cuales muchos somos culpables: irritabilidad, chisme, masturbación, falta de amabilidad, cobardía, actitudes defensivas, egocentrismo? Pedimos perdón con fervor, pero nos aferramos a nuestra incredulidad. Creemos que Dios no nos puede perdonar. Nos consideramos jueces de lo que Dios puede o no puede hacer.

Lo que nos alienta acerca de la historia de Zacarías es lo que hizo con su lengua cuando pudo hablar otra vez, después que nació su hijo Juan. En lugar de usarla para poner en tela de juicio la promesa de Dios, la usó para alabarlo con esta preciosa profecía: «Y tú, hijito mío, serás llamado profeta del Altísimo, porque irás delante del Señor para prepararle el camino. Darás a conocer a su pueblo la salvación mediante el perdón de sus pecados, gracias a la entrañable misericordia de nuestro Dios. Así nos visitará desde el cielo el sol naciente» (Lucas 1:76-78).

Durante los meses de silencio, la fe de Zacarías creció como una fruta hasta madurar. Y aunque el niño que llevaba en sus brazos era todavía solo una simiente de la promesa, no dudó más de la veracidad de la palabra de Dios. En cambio, proclamó el mensaje de la misericordia de Dios a todos los que quisieran escucharlo.

*Señor, a veces me pregunto si soy incapaz de creer. Oro con ansiedad para que algo suceda, pero no puedo en realidad creer que tu respuesta será favorable. Quizás, como Zacarías, soy tan obstinada en mi incredulidad que hasta un ángel tendría dificultad en convencerme. Padre, perdona mi escepticismo incorregible y abre mi alma a los riesgos de la fe.*

# Un cielo lleno de ángeles

～

*En esa misma región había unos pastores que pasaban la noche en el campo, turnándose para cuidar sus rebaños. Sucedió que un ángel del Señor se les apareció. La gloria del Señor los envolvió en su luz, y se llenaron de temor.*

—Lucas 2:8-9

Imagínate el asombro de los pastores cuando miraron hacia arriba y vieron el cielo nocturno salpicado de ángeles. El Evangelio de Lucas nos dice que de repente apareció con el primer ángel «una multitud de ángeles del cielo». Los ángeles no anunciaron las buenas nuevas del nacimiento de Jesús a ninguna de las personas prominentes en Israel. No se le aparecieron al alcalde o al jefe de la policía, ni siquiera al rey Herodes en Jerusalén, sino a pastores, hombres sencillos que vigilaban a sus ovejas bulliciosas en los campos.

Muy a menudo en las Escrituras vemos que Dios no se impresiona con lo que nos impresiona a nosotros. Parece que él hace todo lo posible para hacernos entender esta verdad: su Hijo le nació a una pareja de judíos corrientes; María y José eran personas pobres; Jesús vivió la mayor parte de su vida en el anonimato. A nosotros nos impresiona que el Rey del universo naciera en un establo. Pero pensemos en la tremenda condescendencia que Dios ya había mostrado plantando la simiente de la divinidad en el vientre de un ser humano. La distancia entre Dios y sus criaturas es mucho más grande que la que hay entre nacer en un palacio y nacer en un establo.

Los ángeles tenían un mensaje que entregar y deben haber sabido que iba a echar raíces más fuertes en el suelo de la humildad. Así que les hablaron a los pastores acerca del Buen Pastor que un día los salvaría de sus pecados. Y los pastores creyeron.

La historia de los pastores me convence de que los corazones humildes atraen a Dios de manera irresistible. Es como si la ley de gravedad tuviera su equivalente espiritual. Un objeto que se lanza desde un edificio alto caerá a toda velocidad hasta alcanzar el suelo. Sucede lo mismo con la gracia de Dios en su trayectoria del cielo a la tierra, cuando al final llega a posarse en el corazón de hombres y mujeres humildes.

*Padre, ¿es que me he vuelto demasiado complicada para oír tu voz? Por favor, protégeme del orgullo y ayúdame a aprender de los que son humildes de corazón. Haz de mi corazón un lugar de claridad, donde tu palabra pueda echar raíces y llevar fruto.*

# UN ÁNGEL Y EL ANUNCIO
# DE UN NIÑO

~

*Cierto hombre de Zora, llamado Manoa, de la tribu de Dan, tenía una esposa que no le había dado hijos porque era estéril. Pero el ángel del Señor se le apareció a ella y le dijo: «Eres estéril y no tienes hijos, pero vas a concebir y tendrás un hijo.*

—JUECES 13:2-3

¿Qué tienen que ver los ángeles con los anuncios de nacimiento? Ya hemos visto cómo el ángel Gabriel anunció el nacimiento de Jesús y de Juan el Bautista. En este caso, un ángel se le aparece a la madre de Sansón, el hombre fuerte del pelo largo destinado a salvar a Israel de los filisteos. En cada caso, Dios envió un ángel para anunciar que pronto nacería un niño especial. En cada caso, las circunstancias eran poco menos que imposibles. O la mujer era virgen, o estéril, o había pasado hacía rato la edad de tener hijos.

A menudo, los ángeles tienen la tarea poco envidiable de dar las noticias a un futuro padre escéptico. En el caso de Sara, Dios mismo le dijo a Abraham que su esposa tendría un hijo. Uno casi no puede culpar al anciano por haberse muerto de risa ante la noticia. Era como una noticia de primera plana en un periódico sensacionalista: «¡Mujer de noventa años da a luz un niño varón!». ¿Qué más se les va a ocurrir?

Pareciera que Dios quería recalcar algo importante mediante estos anuncios por sorpresa. Él cumpliría su plan, a su manera y a su tiempo. Lo que era imposible para hombres y mujeres, para Dios era un asunto sencillo. Él mostraría su poder levantando libertadores para Israel del vientre de mujeres estériles o, en un solo caso, del vientre de una virgen. Él, el Señor, y solo él, es el autor de la vida.

Nos preguntamos por qué Dios llegó a tales extremos. Quizás fue porque sabía que de otra manera los seres humanos caídos se adjudicarían el mérito ellos mismos. A menos que las circunstancias parecieran en extremo sombrías, su pueblo pensaría que podía enfrentar la vida por sí mismo. Su orgullo innato no les permitiría reconocer cuánto necesitaban de él y de su liberación.

A veces Dios obra en nuestra vida precisamente de esa manera. Las circunstancias pueden parecer desesperantes. Tal vez hayamos clamado a Dios por alguna necesidad solo para recibir su silencio como respuesta. Entonces, cuando estamos a punto de abandonar la esperanza, Dios hace nacer algo nuevo en nuestra vida. Es posible que nos dé lo que hemos estado deseando, no solo para nuestro propio beneficio, sino para bendecir a otros también. Tal vez sintamos que un ángel está cerca para darnos la noticia. Cuando suceden estas cosas, reconocemos que Dios es quien él dice que es: nuestro libertador, nuestro escudo, el autor de la vida, el Señor que nos salva.

Dios prevé el futuro de una manera que a nosotros nos resulta imposible comprender. Al igual que la madre de Sansón, al igual que Sara y Abraham, María y José, podemos elevar nuestras oraciones a Dios, confiados en que él nos oye, sabiendo que contestará a su tiempo y a su manera. Hasta tal vez nos dé un poco de risa, como a Abraham, cuando Dios nos hace una promesa que parece demasiado buena para ser verdad.

*Padre, tú conoces la petición de mi corazón. La has escuchado tantas veces que debes estar cansado de ella. Sé que te estoy pidiendo que hagas lo imposible, pero tú lo has hecho antes muchas veces. Cualquier cosa que hagas, Señor, aceptaré tu respuesta. Pero si decides hacer lo imposible, me aseguraré de que recibas todo el mérito.*

# 5

# ÁNGELES AL RESCATE

*Alaben al Señor, ustedes sus ángeles, paladines que ejecutan su palabra y obedecen su mandato. Alaben al Señor, todos sus ejércitos, siervos suyos que cumplen su voluntad.*

—Salmo 103:20-21

Mucho más efectivos que la protección de los bomberos o de la policía, se sabe que los ángeles han efectuado las operaciones de rescate más atrevidas: caminando en un horno candente, cerrando la mandíbula de leones y cegando los ojos de guardias en la prisión. Parece que los ángeles son capaces de cumplir cualquier tarea que Dios les asigna.

Esto nos dice algo acerca del poder increíble que poseen. Los ángeles pueden aterrorizar a sus enemigos, hacer morir tiranos, moverse velozmente de un lugar a otro, adoptar diferentes formas y hacer lo que por lo general es inconcebible e imposible para nosotros. Son criaturas de otro orden. Al saber esto podemos alegrarnos de que estén de nuestra parte.

La Biblia está llena de historias de rescate. Muchas veces vemos que los ángeles vienen a ayudar a hombres y mujeres fieles que se niegan a transigir con el espíritu de la época. Les importa poco si están fuera de sincronía con los tiempos, lo que en verdad les importa es estar en sincronía con Dios. A menudo están dispuestos a dar su vida por la verdad.

Las personas como Daniel, quien se arriesgó a pasar una noche con los leones, es natural que nos impresionen con su valor. Sin embargo, esas personas no debieran ser raras entre los creyentes. Alrededor del mundo hoy día, muchos cristianos están pagando el precio más alto por su fe al entregar tanto su libertad como su vida. Todos afrontaremos la tentación de transigir un poco para que nuestra vida se nos haga más fácil y placentera. Permanecer firme contra esas cosas nos costará algo, quizás mucho. Mientras resistimos esas presiones, podemos estar seguros de la protección de Dios. Tal vez él nos rescate o no de la dificultad en que nos encontramos, pero sin lugar a duda protegerá nuestras almas de la maldad. El Padre tiene multitudes de ángeles a su entera disposición, y podemos confiar en que los enviará a rescatarnos en el momento oportuno. Porque el Señor «protege la vida de sus fieles, y los libra de manos de los impíos» (Salmo 97:10).

# UN ÁNGEL HABLA
# EN EL DESIERTO

❧

*Cuando Dios oyó al niño sollozar, el ángel de Dios llamó a Agar desde el cielo y le dijo: «¿Qué te pasa, Agar? No temas, pues Dios ha escuchado los sollozos del niño. Levántate y tómalo de la mano, que yo haré de él una gran nación.» En ese momento Dios le abrió a Agar los ojos, y ella vio un pozo de agua. En seguida fue a llenar el odre y le dio de beber al niño.*

—GÉNESIS 21:17-19

Agar era una madre soltera que se encontraba sin hogar, sin trabajo y sin dinero. Se le había acabado la comida, el agua y la esperanza. Parecía que ella y su hijo morirían solos en el desierto, sin que nadie guardara luto por ellos.

Quizás recuerdes que ella era la esclava egipcia de Sara. Como esposa de Abraham, Sara había escuchado la promesa increíble de que Dios los bendeciría a ella y a Abraham con un hijo que sería el primero de innumerables descendientes. Sin embargo, la promesa de Dios solo la hizo reír. ¿Cómo era posible que concibiera un hijo si ya había pasado la edad de concebir?

Quizás Dios necesitaba una pequeña ayuda para que esta promesa descabellada se hiciera realidad. Quizás él quisiera decir que les daría un hijo por medio de su esclava Agar. De manera que, con la bendición y el aliento de Sara, Abraham durmió con Agar y esta concibió un hijo, Ismael.

Más adelante, contra toda probabilidad, Sara dio a luz a su propio hijo, Isaac. No es de sorprenderse que se desarrollara una rivalidad amarga entre las dos mujeres. Sara insistió en que Abraham echara a Agar y a Ismael, y eso fue justo lo que él hizo, ofreciéndole a la infeliz Agar solo un poco de pan y un odre con agua para ayudarla a ella y al hijo a sobrevivir.

Puesto que en aquellos días no había viviendas subvencionadas para los de bajos ingresos, Agar tuvo que irse al desierto, donde estuvo vagando hasta que su ración escasa de pan y agua se acabó. Al borde de la desesperación, se sentó a cierta distancia de su hijo Ismael. Lo último que deseaba era ver a su único hijo sufrir una muerte agonizante.

Agar derramó lágrimas de mujer asustada y abandonada. Estaba tan sola. Una extraña en tierra extranjera, sin nadie que se percatara de su dolor, o por lo menos eso era lo que ella pensaba. De repente, de la nada, un ángel le habló desde el cielo. Agar debe haberse preguntado si habría perdido la razón después de estar tanto tiempo sin comida ni agua. Pero la voz era real. Las palabras fuertes y consoladoras del ángel disiparon su temor. El mensaje del ángel le trajo una nueva y extraña paz. Dios tenía un plan y un propósito para ella y para su hijo. ¡Él haría de Ismael una gran nación! Dios proveería.

Observa que el ángel no se precipitó desde el cielo trayendo un vaso de agua celestial. En cambio, abrió los ojos de Agar y le mostró un pozo del que ella podía sacar agua. Abraham le había dado un odre de agua que pronto se le acabó. Pero Dios le dio a Agar e Ismael un pozo de agua que los mantendría vivos y saciaría su sed día tras día.

Quizás eres un padre o una madre que lucha por abrirse paso para ti y tus hijos en el desierto moderno de este mundo. Es posible que puedas alimentar y vestir a tus hijos, pero te preocupa la seguridad de ellos. ¿Serán víctimas de la seducción de la promiscuidad sexual, las drogas y la violencia? Si estás soltero, tal vez te sientas solo y necesitado de una compañera que te ayude en el camino de la vida.

Si es así, pídele a Dios que abra tus ojos a la provisión que él tiene para ti y tu familia, como hizo con Agar. Si Dios no le hubiera hablado por medio del ángel, Agar y su hijo hubieran muerto de sed a pocos pasos de un pozo que rebosaba de agua. Quizá Dios envíe un ángel para mostrarte lo cerca que está lo que tú necesitas.

Sobre todo, te es de gran ayuda recordar que Dios es el único que puede darte todo lo que necesitas. A lo mejor piensas que lo que necesitas es solo una buena relación, un trabajo apropiado y suficiente dinero. Pero a fin de cuentas, estas cosas no son sino provisiones temporales, como el pan y el odre de agua que Abraham le ofreció a Agar. Todos nosotros necesitamos venir al agua viva, al pozo que es Cristo mismo, donde obtendremos sustento para continuar por el resto de nuestra vida.

*Padre, cuanto más vivo más aterradora parece la vida. Los amigos y los familiares no siempre han respondido cuando los he necesitado. Las cosas en las que pensaba que podía confiar me han fallado. Estoy empezando a darme cuenta de que tú eres el único en quien puedo apoyarme siempre. Si tú no provees para mí y para mis hijos, ¿quién lo hará? Señor, tú sabes los planes que tienes para mí; planes para mi bienestar y no para mi perjuicio, para darme un futuro y una esperanza. Cuando clame a ti, yo sé que me escucharás.*

# ÁNGELES EN EL FUEGO

❧

*Entonces exclamó Nabucodonosor: «¡Alabado sea el Dios de estos jóvenes, que envió a su ángel y los salvó! Ellos confiaron en él y, desafiando la orden real, optaron por la muerte antes que honrar o adorar a otro dios que no fuera el suyo.*

—DANIEL 3:28

Nabucodonosor era el rey de Babilonia. Sadrac, Mesac y Abednego eran tres jóvenes de familias judías destacadas que se vieron obligados a servir en el palacio del rey después de la conquista de Jerusalén por el poderoso ejército babilonio.

El problema comenzó cuando el rey erigió una enorme estatua de oro, de veintisiete metros de alto y casi dos metros setenta de ancho. Nabucodonosor envió el mensaje a todos los rincones del reino de que sus súbditos tenían que adorar al ídolo. El castigo para los que se negaran consistía en que serían lanzados a un horno de fuego, tan caliente como para incinerar hasta al tipo más frío. De modo que nadie se negó; ni siquiera una persona, excepto los tres jóvenes judíos.

Nabucodonosor se enfureció con la negativa de ellos y ordenó que calentaran el horno siete veces más de lo acostumbrado. Ataron a Sadrac, Mesac y Abednego y los lanzaron al horno. Estaba tan caliente que, al instante, los guardias que lanzaron a los jóvenes quedaron consumidos por las llamas.

El rey quedó asombrado con lo que sucedió a continuación. «¿Acaso no eran tres los hombres que atamos y arrojamos al fuego?», preguntó a sus consejeros. «¡Pues miren! —exclamó—. Allí en el fuego veo a cuatro hombres, sin ataduras y sin daño alguno, ¡y el cuarto tiene la apariencia de un dios!»

Cuatro hombres que caminaban entre las llamas candentes. Desde luego, uno era un ángel tan poderoso que el rey lo describió como un dios. Los tres jóvenes no tenían manera de saber que iban a sobrevivir la prueba abrasadora por un milagro. No podían estar seguros de que Dios enviaría un ángel, pero le confiaron a él el resultado. Se negaron a deshonrarle postrándose ante un ídolo y Dios envió un ángel a prueba de fuego para protegerlos mientras caminaban en el horno con toda libertad.

Observa que estaban atados cuando los lanzaron en el horno. Sin embargo, el rey los vio caminando en medio del fuego desatados. Dios había enviado un ángel no solo para no permitir que se quemaran, sino para desatar sus ligaduras. Fueron liberados de la prueba y de la persecución. Su historia nos dice que aun en las circunstancias más desesperantes, Dios puede proteger nuestra libertad interior y también nuestra vida.

Es improbable que en la actualidad alguien nos obligue a arrodillarnos ante una estatua de oro. Nuestra cultura promueve ídolos más sutiles que demandan nuestra alianza: ídolos sexuales, éxito a cualquier precio, codicia de poder, materialismo desenfrenado. Los viejos ídolos surgen continuamente, disfrazados de acuerdo con el tiempo moderno. Resistir la tentación de ceder ante estos ídolos culturales a menudo acarrea un gran sacrificio personal.

Considera al hombre o a la mujer soltera que se niega a ceder al fuego de la pasión sexual, o al esposo o a la esposa que resiste la tentación de sacrificar la vida familiar en el altar de una carrera, o a la mujer soltera que escucha la temida noticia de que está embarazada, pero que resiste la presión de resolver el «problema» con una visita rápida a una clínica local para abortos.

Ninguna de esas decisiones son fáciles de tomar. A menudo sufriremos pérdida y sentiremos temor, confusión y dolor en nuestra búsqueda por ser fieles a lo que creemos y a quien creemos. Pero cuando le confiemos a Dios el resultado, experimentaremos una nueva libertad. Tal vez hasta un ángel venga a nuestro lado en medio de nuestra angustia para desatarnos y protegernos de las llamas devoradoras que amenazan consumirnos.

*Señor, tú sabes lo difícil que es para mí permanecer casta cuando todo a mi alrededor proclama los placeres de la intimidad con otra persona, esté una casada o no. A veces me tienta el pensamiento de que el precio de seguirte es demasiado alto. Por favor, dame el valor de estos tres jóvenes para mantenerme en lo que es correcto sin importar lo que cueste. Dame la seguridad de que mientras lo hago tú harás de mí una persona verdaderamente libre y llena de gozo.*

# Los ángeles frente
# a los leones

~❧~

*Ya cerca, [el rey Darío] lleno de ansiedad gritó: «Daniel, siervo del Dios*
*viviente, ¿pudo tu Dios, a quien siempre sirves, salvarte de los leones?».*
*«¡Que viva Su Majestad por siempre! —contestó Daniel desde el foso—.*
*Mi Dios envió a su ángel y les cerró la boca a los leones. No me han he-*
*cho ningún daño, porque Dios bien sabe que soy inocente. ¡Tampoco he*
*cometido nada malo contra Su Majestad!»*

—DANIEL 6:20-22

El rey Darío se encontraba en un aprieto. Unos oficiales de su reino que estaban celosos de la influencia creciente de Daniel sobre el rey lo habían engañado. Ellos persuadieron a Darío para que firmara un documento proclamando un período de treinta días durante el cual sería ilegal orar a cualquier otro que no fuera el rey. El castigo por ignorar el mandato real sería una muerte sangrienta desgarrado por los leones.

Daniel se enteró de la nueva ley, pero continuó orando a Dios y alabándole tres veces al día, como había hecho siempre. Para empeorar las cosas, oraba con temeridad frente a una ventana abierta, como era su costumbre. Es claro que Daniel era cualquier cosa menos un pragmatista. Podría haber dejado de orar por unos días. ¿Qué es solo un mes a la luz de toda una vida de oración fiel? O por lo menos hubiera podido ser un poco más discreto. ¿Por qué tenía que orar frente a la ventana, mirando hacia Jerusalén? Sin embargo, Daniel se negó a darle la espalda a Dios para adorar los poderes de este mundo. Él debe haber sabido que aun pequeñas concesiones hubieran alentado una represión más grande de la fe. El edicto inicial duró treinta días. ¿Qué hubiera detenido al rey de hacer que la orden fuera permanente una vez que todo el mundo se hubiera acostumbrado a la idea?

A pesar de su aprecio por Daniel, el rey no tuvo otra alternativa que ajustarse al decreto que había promulgado y echarlo en el foso de leones voraces. Hecho esto, Darío puso una piedra sobre el foso y la selló con su propio anillo, para poder saber si alguien movía la roca en un esfuerzo por rescatar al infeliz hombre. Después de una noche inquieta, el rey regresó a la mañana siguiente y llamó a Daniel para ver si, por algún milagro, estaba vivo todavía. Para gozo del rey, Daniel respondió que estaba bien vivo y que había sido protegido por un ángel que le había cerrado la boca a los leones.

Darío había puesto una piedra sobre el foso de los leones, encerrando a Daniel con las fieras rugientes, y había colocado su anillo sobre la piedra. Sin embargo, un ángel había cerrado las mandíbulas de los leones, salvando la vida de Daniel. Siglos más tarde, las autoridades religiosas en Jerusalén colocarían una piedra similar sobre el sepulcro de Jesús y la sellarían con una guardia de soldados para asegurarse de que nadie tratara de forzar su sepulcro. Una vez más, unas simples piedras no pudieron detener a los ángeles de Dios. Aparecieron dos ángeles en el sepulcro de Jesús y se dirigieron a las mujeres que vinieron a ungir su cuerpo: «¿Por qué buscan ustedes entre los muertos al que vive?» (Lucas 24:5).

Tanto Daniel como Jesús se negaron a transigir en su fe. Dios protegió a uno de la muerte e hizo que el otro conquistara la muerte una vez por todas. Tal vez no enfrentemos la clase de persecución que se impuso en el mundo antiguo, pero con seguridad enfrentaremos presiones que comprometerán nuestras creencias para que encajemos en el mundo que nos rodea. Cuando esto suceda, recuerda a Daniel y a Jesús. Recuerda que puedes vender tu alma si haces esa clase de concesiones. Recuerda que Dios protege al hombre o a la mujer intachable. Y por último, recuerda a los ángeles.

*Jesús, necesito de tu sabiduría para saber cuándo mantenerme firme y cuándo transigir. A veces me enorgullezco demasiado porque soy capaz de estar en el centro. Sin embargo, tú fuiste polémico cuando fue necesario. Señor, tú sabes que no estoy buscando problemas, pero ayúdame a mantenerme firme cuando el problema llegue a mi vida. Que mi meta más elevada no sea «ser agradable». Dame el valor para ser fiel, sin que importen las consecuencias.*

# EL RESCATE MÁS GRANDE
# DE TODOS LOS TIEMPOS

~

*Dios le ordenó: «Toma a tu hijo, el único que tienes y al que tanto amas, y ve a la región de Moria. Una vez allí, ofrécelo como holocausto en el monte que yo te indicaré» [...] Entonces [Abraham] tomó el cuchillo para sacrificar a su hijo, pero en ese momento el ángel del Señor le gritó desde el cielo: «¡Abraham! ¡Abraham!». «Aquí estoy», respondió. «No pongas tu mano sobre el muchacho, ni le hagas ningún daño —le dijo el ángel—. Ahora sé que temes a Dios, porque ni siquiera te has negado a darme a tu único hijo». Abraham alzó la vista y, en un matorral, vio un carnero enredado por los cuernos. Fue entonces, tomó el carnero y lo ofreció como holocausto, en lugar de su hijo*

—GÉNESIS 22:2, 10-13

Hay algo acerca de esta conocida historia que nos perturba en lo profundo, a la vez que nos consuela de una manera extraña. ¿Cómo pudo un Dios de amor pedirle a Abraham que matara a su propio hijo, el hijo que él amaba? Lo que es peor, ¿cómo podía Dios requerir la vida de Isaac como un sacrificio? Sabemos por el final de la historia que Dios estaba probando a Abraham. ¿Le devolvería él a Dios lo que más valor tenía en su vida, el hijo que Dios le había prometido?

Casi podemos ver las gotas de sudor en la frente del padre, las venas azuladas e hinchadas a través de la piel de sus sienes, su brazo fuerte extendido sobre el cuerpo de su hijo, cuchillo en mano, listo para llevar a cabo el temido sacrificio.

El muchacho estaba atado a la roca como un animal listo para el sacrificio. ¿Qué habrá pasado por la mente de Isaac en ese momento? ¿Mantuvo él la mirada fija en la de su padre? Qué agonía de amor y estupefacción debe haber pasado de padre a hijo y viceversa.

Entonces, cuando toda esperanza había desaparecido, un ángel gritó desde el cielo: «¡Por amor a Dios, Abraham, no le hagas daño al muchacho!». El dolor que había pasado entre padre e hijo se convirtió en admiración. Abraham debe haber desatado a Isaac con rapidez, abrazándolo, mezclando sus lágrimas con las lágrimas del muchacho aterrorizado. Isaac viviría. En lugar de un muchacho, un carnero. Un animal infeliz enredado en un matorral proveería el sacrificio que se requería.

Damos un suspiro de alivio cuando leemos una de las más famosas historias de un rescate de último minuto. Nos maravillamos de la tremenda fe de Abraham. Dudamos de que pudiéramos jamás hacer lo que él hizo. Nos desconcertamos de que Dios haya hasta pretendido que un hombre sacrificara a su propio hijo.

Sin embargo, la historia de Abraham e Isaac señala a la historia del rescate más grande de todos los tiempos. Nuestra confusión se convierte en reverencia y gratitud cuando nos damos cuenta de que lo que Dios no exigió de Abraham, lo exigió de sí mismo. En Jesús, el único Hijo de Dios, el Hijo que el Padre amaba, reconocemos el sacrificio máximo. El «cordero enredado en el matorral» en realidad fue un indicio de lo que iba a ser. El cordero prefiguraba a Jesús y su muerte vicaria en el Calvario. Tal vez te sorprenda saber que Jesús fue clavado en la cruz quizás a medio kilómetro del Monte Moria, que es posible que fuera el mismo lugar donde Abraham estuvo listo para ofrecer a Isaac.

Siglos antes de que Jesús entrara en escena, el Padre estaba dando indicios de su plan, una operación de rescate audaz y amorosa. Él sabía el remedio tan radical que se necesitaba para sanar nuestro quebrantamiento y traernos otra vez a él. Cuando sintamos que Dios nos está pidiendo demasiado, puede resultarnos de ayuda recordar lo que pidió de sí mismo. Entendemos y nos identificamos con la angustia de Abraham, ¿pero consideramos alguna vez el precio que el Padre pagó? Un momento de reflexión nos convencerá de que Jesús es el regalo de amor más grande que el Padre podía darnos: «Su Hijo, su único Hijo, a quien amaba».

*Padre, no me daba cuenta del precio increíble que pagaste cuando diste a tu Hijo por mí. Estoy admirada de tu misericordia. No permitas que jamás vuelva a dudar de tu amor o decir que lo que pides es demasiado difícil de dar. Tú me diste a quien más amabas, permíteme entregar con satisfacción mi alma y todo lo que soy a ti.*

# 6
# ÁNGELES PLETÓRICOS DE AMOR

❧

*Los ángeles son espíritus puros, los poderosos príncipes del cielo que están delante de Dios, que contemplan su presencia visible. Son fuegos pletóricos de amor, llenos hasta rebosar de la plenitud de la felicidad.*

PAUL O'SULLIVAN

Gary Kinnaman, autor de *Angels Dark and Light* [Ángeles oscuros y claros], dice que «comparados con Dios, los ángeles son como linternas en la superficie del sol». Lo que quiere decir es que la gloria de Dios es infinitamente más grande que la de los ángeles. Aun así, cuando estamos ante la visión de un ángel, nos sentimos tentados a inclinarnos y adorarlo. Esto le sucedió a Juan, el autor del libro de Apocalipsis. Quedó tan abrumado con el ángel que se postró ante él para adorarlo. El ángel corrigió a Juan enseguida. «¡No, cuidado! Soy un siervo como tú y como tus hermanos que se mantienen fieles al testimonio de Jesús. ¡Adora sólo a Dios!» (Apocalipsis 19:10).

Si los ángeles palidecen comparados con Dios, ¿qué nos dice esto acerca de la belleza exquisita del Padre, el Hijo y el Espíritu Santo? Más bien que alejarnos de Dios, los ángeles pueden en realidad inspirar nuestra adoración.

A diferencia de nosotros, a los ángeles en el cielo ya no se les puede tentar a pecar. Su voluntad ha venido a ser una con la de Dios. El filósofo Mortimer Adler reconoce esto cuando dice: «Una vez bendecidos, los ángeles buenos son confirmados en el bien. No pueden pecar. Al ver la esencia de Dios, no pueden volverse atrás». Qué concepto tan hermoso es este: ser confirmado en el bien, incapaz de ofender a Dios. Los que pertenecemos a Dios, un día moraremos en su presencia como los ángeles. Entonces nosotros también seremos confirmados en el bien y con ese bien vendrá la alabanza perfecta y el gozo inefable.

# LOS ÁNGELES SE REGOCIJARON

∞

*Además, al introducir a su Primogénito en el mundo, Dios dice: «Que lo adoren todos los ángeles de Dios».*

—HEBREOS 1:6

El escritor de la Carta a los Hebreos deja bien claro que los ángeles adoran a Jesús como el primogénito de la nueva creación. Jesús no es simplemente un poco más grande que los ángeles, sino infinitamente superior a ellos. Como saben esto, los ángeles lo adoran.

El Evangelio de Juan dice de Jesús: «El que era la luz ya estaba en el mundo, y el mundo fue creado por medio de él, pero el mundo no lo reconoció. Vino a lo que era suyo, pero los suyos no lo recibieron» (Juan 1:10-11). Siempre me ha impresionado la ironía de este pasaje. Solo un puñado de personas siquiera notaron que Jesús había entrado en escena: los magos, los pastores, sus padres, sus primos, el tirano Herodes y Simeón y Ana. Todos los demás se lo perdieron. El Creador vino de incógnito. Para la mayoría de las personas, el acontecimiento que fue la noticia más grande en la historia del mundo pasó inadvertido, sin anunciarse ni celebrarse.

Es cierto que había ángeles y una estrella de gran resplandor que guió a los magos, y sin embargo, no sabemos de nada más espectacular: ni terremotos, o inundaciones, o lluvias de meteoros para anunciar el evento. No hubo multitudes que aclamaran, ni ostentosa fiesta de cumpleaños, ni historia de primera plana en el Diario Jerusalén.

Sin embargo, los ángeles estaban allí. Ellos sabían con exactitud lo que estaba sucediendo. Ellos fueron testigos de lo que el mundo no quiso o no pudo ver. Y les dieron las buenas nuevas de su venida a los pastores en el campo.

A veces Jesús, a pesar de su gloria, queda escondido de nosotros. Nos distraemos con nuestros deseos no cumplidos de dinero, de relaciones, de salud perfecta. O podemos sentirnos privados de su presencia y poder sin que sea culpa nuestra. Aunque Jesús vive en nosotros, no reconocemos su presencia en nosotros mismos o en otros.

Al igual que el sol detrás de las nubes, Jesús es una realidad viviente, ya sea que la percibamos o no. Aunque a veces permanece oculto para nosotros, nuestros ángeles pueden verlo. Cuando ansiamos sentir que está con nosotros, recibamos consuelo de saber que nuestros ángeles perciben lo que nosotros no percibimos. Al saber esto, podemos orar que Dios abra nuestros ojos y nuestros corazones a su presencia.

*Jesús, los ángeles tienen el privilegio de estar en tu presencia. Ayúdame a descubrir las formas en que estás presente en mi vida. Abre mis oídos para que pueda oírte, aun cuando solo estés susurrando. Abre mis ojos mediante la fe para que pueda postrarme y adorarte como los ángeles.*

# CUANDO LOS ÁNGELES ADORAN

⌘

*Cada uno de ellos [los cuatro seres vivientes] tenía seis alas y estaba cubierto de ojos, por encima y por debajo de las alas. Y día y noche repetían sin cesar: «Santo, santo, santo es el Señor Dios Todopoderoso, el que era y que es y que ha de venir».*

—APOCALIPSIS 4:8

El libro de Apocalipsis ofrece una vislumbre poco frecuente de la adoración que tiene lugar alrededor del trono de Dios en el cielo. Hasta se nos permite escuchar en secreto la canción angelical de alabanza que «día y noche repetían sin cesar».

Los ángeles nos muestran que no es posible contenerse de adorar a Dios una vez que uno se ha entregado a él y de veras contempla su rostro. A diferencia de nosotros, su adoración no tiene el obstáculo de un velo que los separa de Aquel a quien aman. Ellos disfrutan de comunión perfecta, amor perfecto, entendimiento perfecto y libertad perfecta. Aunque nosotros «vemos de manera indirecta y velada, como en un espejo» y sufrimos confusión, terror y duda como resultado de nuestra visión nublada, los ángeles ven con claridad y proclaman la verdad acerca de Dios sin cesar. ¿Cuál es esta verdad?

Es esta:

Que el Padre es santo; el Hijo es santo y el Espíritu es santo.

Que Dios es todopoderoso: nadie tiene más poder que él.

Que Dios es eterno: siempre ha sido, es ahora y será para siempre.

Los ángeles nos muestran que la adoración incluye la proclamación de la verdad acerca de Dios. Cuando nos sintamos tentados a pensar que Dios no es santo, que él nos trata como nosotros a veces tratamos a otros, sin amabilidad y sin lealtad, recordemos la verdad de la canción de los ángeles.

Cuando temamos que Dios no sea lo bastante fuerte para salvarnos de nuestra difícil situación, repitamos y creamos con los ángeles que Dios está lleno de poder; que su brazo no es tan corto para sacarnos de la oscuridad que nosotros mismos hemos creado y llevarnos a la luz de su presencia.

Cuando dudemos del propósito eterno de Dios, cuando sospechemos que él actúa por capricho, cuando nos preguntemos por qué Cristo parece demorar su venida, afirmemos con los ángeles que Dios siempre ha sido fiel, que está presente y activo en nuestra vida y que con toda seguridad es él quien ha de venir a establecer su reino para siempre.

*Dios, confieso que no siempre te he dado un margen de confianza. Puesto que el pecado me ha distorsionado a mí y a todos los que conozco, a veces he proyectado esas distorsiones hacia ti. Perdóname por pensar que no eres amoroso, sabio, todopoderoso y misericordioso. Mientras abandono las falsas imágenes de tu persona, vuelve a mí tu rostro para que yo pueda comenzar a percibir toda la verdad acerca de ti.*

# LOS ÁNGELES ARDIENTES

*En ese momento voló hacia mí uno de los serafines. Traía en la mano una brasa que, con unas tenazas, había tomado del altar. Con ella me tocó los labios y me dijo: «Mira, esto ha tocado tus labios; tu maldad ha sido borrada, y tu pecado, perdonado».*

—ISAÍAS 6:6-7

Isaías tuvo una visión de la sala del trono en el cielo: Contempló a Dios rodeado por serafines, ángeles magníficos con seis alas, dos para cubrir sus rostros en reverencia, dos para cubrir sus pies en señal de respeto y dos para poder volar. En la visión de Isaías clamaban uno al otro, y decían: «Santo, santo, santo es el SEÑOR Todopoderoso; toda la tierra está llena de su gloria».

Si piensas que Isaías estaba aterrorizado por lo que vio, tienes toda la razón. Estaba seguro de que era hombre muerto, ya que sabía que ningún ser humano podía ver a Dios y vivir. Por fortuna para él, un serafín se hizo cargo del problema cuando tomó un carbón encendido del altar y tocó sus labios. Esto simbolizó la acción purificadora de Dios.

Entre los ángeles más singulares que se describen en las Escrituras están los serafines. Ellos viven de continuo en la presencia de Dios, rodeando y guardando su trono y cantando sus alabanzas. Se les llama «serafines» quizá porque reflejan la santidad de Dios. Me gusta pensar que es porque arden de amor por Dios. El cuadro que Isaías pinta es el de una corte real en la que acompaña al Rey un séquito regio de cortesanos sobrenaturales.

Es bueno que leamos estos pasajes bíblicos aunque parezcan tan extraños. Como criaturas de carne y hueso, a menudo es difícil pintarnos un cuadro muy convincente del cielo. En parte debido a eso perdemos nuestro sentido de reverencia y respeto hacia Dios. Tratamos de controlarlo para nuestros propósitos. No consideramos su grandeza, abusamos de su bondad y a veces tratamos de manipularlo para que haga nuestra voluntad. Y aunque el Dios del universo trata de atraernos, llamándonos a su santa presencia, con frecuencia estamos demasiado ocupados.

Los ángeles han de estar indignados. Ellos saben que Dios nos ha invitado a compartir una intimidad maravillosa con él, pero se preguntan cómo es que podemos tomar ese privilegio a la ligera. Saben que sería un error terrible perder el temor y la reverencia por el Dios poderoso.

San Agustín dice que «un alma que ama prende el fuego en otra». Quizás eso sea lo que pueden hacer los ángeles por nosotros. Nos pueden mostrar con su ejemplo, como lo hicieron con Isaías, lo que significa vivir en la presencia de Dios.

Trata de aprender de los serafines. Con tu corazón en silencio, imagínate la escena en el cielo. Pídele a Dios que te dé una vislumbre de su majestad. Ruégale que purifique tu alma, como lo hizo con Isaías. Canta sus alabanzas y dile lo maravilloso que es. Cubre tu rostro en actitud reverente y póstrate ante él. Después sé como los ángeles, que arden de amor, mientras contemplas la belleza, el poder y la misericordia de Dios. Piensa por un instante en algunos de los muchos nombres del Señor: Todopoderoso, Anciano de días, Dios de Israel, único sabio Dios, Padre eterno, Yo soy, Creador, Señor Dios poderoso, Cordero de Dios, Lirio de los valles, Salvador, Varón de dolores, Mesías, Príncipe de paz, Rey de gloria, Rey de reyes, Pastor, Redentor, Roca, Alfa y Omega.

«Quédense quietos, reconozcan que yo soy Dios».

*¿Dios, quién puede comenzar a comprender tu grandeza? Tú eres el Alfa y la Omega, el principio y el fin. Tú eres Santo y lleno de luz. Me has amado con un amor eterno. Perdóname y purifica mi corazón. Ayúdame a conocer mi pecado para que pueda conocer tu misericordia. Urge mis labios para cantar tus alabanzas.*

# MÁS ALTO QUE LOS ÁNGELES

⤙⤚

*... Después de llevar a cabo la purificación de los pecados, se sentó a la derecha de la Majestad en las alturas. Así llegó a ser superior a los ángeles en la misma medida en que el nombre que ha heredado supera en excelencia al de ellos.*

—HEBREOS 1:3-4

En el Nuevo Testamento los ángeles están en todas partes, señalando una relación más estrecha entre el cielo y la tierra establecida por la venida de Jesús. En realidad, pareciera que los ángeles no podían permanecer lejos del hombre de Nazaret. Como los paréntesis que rodean una frase, estuvieron presentes tanto al comienzo como al final de la vida terrenal de Jesús.

Es notable que los ángeles estuvieran presentes en su ascensión. Pocos de nosotros nos detenemos a considerar la importancia de la reaparición de Jesús en el cielo, un hecho que se menciona en el libro de Hechos y se describe en otro lugar de la Biblia. Después de la resurrección, Jesús entró al cielo como vencedor. No obstante, esa no es toda la historia. Al hacerse humano, Jesús pudo vencer a Satanás y librarnos de la esclavitud terrible del mal. Habiendo hecho esto, el rey del universo no se despojó de su naturaleza humana como de un traje gastado. En cambio, escogió reinar para siempre como Dios y hombre.

Juan Crisóstomo alude a esta verdad increíble cuando dice que los ángeles contemplaron la ascensión porque querían «ver el espectáculo insólito de que un hombre apareciera en el cielo». Él continúa diciendo: «Hoy a los que parecíamos indignos hasta de la tierra, se nos eleva hasta el cielo. Se nos exalta sobre los cielos y llegamos hasta el trono real [...] ¿No fue suficiente ser elevado sobre los cielos? ¿No fue esa gloria más allá de toda expresión? Pero él se levantó por encima de los ángeles, pasó a los querubines, subió más alto que los serafines, dejó atrás los tronos. No se detuvo hasta que llegó al mismo trono de Dios».

Las alturas a las que Jesús ha ascendido y a las cuales él nos invita son vertiginosas. Los ángeles las contemplan con reverencia y nosotros también. Más alto que los serafines, más glorioso que los querubines, ¡nuestro Dios reina!

*Señor, ¡qué grande eres! Cuando considero los cielos, la obra de tus dedos, la luna y las estrellas que has puesto en su lugar, digo: ¿qué es el hombre para que tengas de él memoria? Sin embargo, me levantaste y me has dado parte en tu reino eterno. ¡Qué grande eres, qué glorioso es tu nombre en toda la tierra!*

# 7
# ÁNGELES IMPOSTORES

*¿Eres tú algún dios, algún ángel o algún diablo?*

WILLIAM SHAKESPEARE, *Julio César*

Con todo lo dicho acerca de los ángeles, ¿por qué no es la vida más placentera? La respuesta tiene que ver tanto con los ángeles como con nosotros. La vida a menudo es dolorosa, confusa y trágica porque los seres humanos han caído de la gracia y sus corazones están alejados de Dios. A pesar de lo malo que es esto, todavía no es todo.

En algún momento antes del amanecer de la historia, Dios probó la fidelidad de sus ángeles y encontró a algunos de ellos deficientes. Se piensa que Lucifer o Satanás fue uno de los ángeles más majestuosos, un ser poderoso que no pasó la prueba debido a su enorme orgullo. La tradición sostiene que con él cayó una tercera parte de los ángeles.

Por muchos ángeles que no hayan pasado la prueba, sabemos que hay más que suficientes para moverse de un lado a otro. Como tal, luchan por las almas de los hombres y mujeres, procurando entregar a la destrucción a tantos como sea posible. Martín Lutero reconoció este peligro cuando dijo: «El diablo también está cerca, siguiendo nuestros pasos sin cesar para quitarnos la vida, la salud y la salvación». Lutero también sabía que el poder de Dios es más que suficiente para derrotar a todos los enemigos.

No es agradable hablar del diablo y no es prudente que pensemos demasiado en él, pero tenemos que estar conscientes de que no todos los ángeles están a favor de nosotros. Cuanto más unidos estemos con Cristo en humildad, fe y obediencia, tanto mayor será nuestra seguridad y más fuerte nuestra confianza. La luz será más brillante y la oscuridad disminuirá mientras Dios confirma su gobierno en nuestros corazones.

# UN ÁNGEL INSENSATO

~

*¡Cómo has caído del cielo, lucero de la mañana! [...] Decías en tu cora-*
*zón: «Subiré hasta los cielos. ¡Levantaré mi trono [...] seré semejante*
*al Altísimo». ¡Pero has sido arrojado al sepulcro, a lo más profundo de*
*la fosa!*

—ISAÍAS 14:12-15

Es probable que este pasaje se refiera a la caída del rey de Babilonia. Sin embargo, muchos eruditos bíblicos creen que también se refiere a la caída de Satanás antes del comienzo de la historia humana.

Satanás o Lucifer (que quiere decir «estrella de la mañana» o «el que lleva la luz») incitó una rebelión en el cielo. Él quería tomar el lugar de Dios, sentarse en su trono y señorear sobre el universo. Por último, su orgullo provocó que lo echaran del cielo.

Sin embargo, el intento de Satanás de tomar el poder fue nada más que un acto de locura. ¿Cómo podría jamás una simple criatura tomar el lugar del Creador? Para entender lo absurda que era su posición, recuerda por un momento que nosotros ponemos en asilos para dementes a las personas que piensan que son Dios. O imagínate qué me sucedería a mí si de repente comenzara a decirle a todo el mundo que soy el emperador de Japón. Desde luego, es un escenario ridículo, pero el intento de Satanás de derrocar al cielo fue igualmente absurdo. Como señala John Stott: «La esencia del pecado consiste en que el hombre toma el lugar de Dios, mientras la esencia de la salvación consiste en que Dios toma el lugar del hombre». El orgullo de Satanás lo cegó a la locura de su deseo y la maldad echó raíces en su corazón.

Aunque el diablo pueda ser un insensato, es un insensato poderoso, y como tal, puede tentarnos a que perdamos contacto con la realidad también. Esto sucede cada vez que preferimos nuestra propia voluntad a la voluntad de Dios. Hacemos esto de maneras evidentes: cometiendo asesinato, adulterio y grandes robos. Pero también lo hacemos de maneras más sutiles. Queremos que Dios nos conceda un favor, que nos dé un trabajo en particular, una cita, un aumento de salario. O le rogamos que sane a alguien de manera instantánea. En lo esencial, queremos que Dios sea nuestra herramienta; que haga a nuestro antojo cada vez que se lo mandamos. Mientras tanto, Satanás está listo para decirnos que estamos haciendo demandas razonables.

Tal vez te preguntes qué tiene de malo pedir esas cosas. Nada en absoluto. Jesús nos dice que debemos hacerlo. Pero empezamos a perder contacto con la realidad cada vez que tratamos de obligar a Dios a hacer lo que nosotros queremos. Acumulamos oraciones ansiosas, una sobre otra. Intentamos persuadir a Dios a hacer cualquier cosa que le pedimos luchando para portarnos a la perfección, siguiendo todas las «reglas». A veces hasta usamos el ayuno (una disciplina espiritual muy útil en sí misma) como un medio de controlar a Dios y lograr que haga lo que queremos. Nos impacientamos y agitamos cuando pensamos que Dios no está actuando como debiera. Llegamos a la conclusión de que no nos ama lo suficiente para contestar unas pocas y sencillas oraciones.

Quizás Dios nos ama demasiado para hacerlo todo a nuestra manera. Él sabe lo miserable que sería la vida si millones de «pequeños dioses» estuvieran gobernando sus respectivos universos. A menudo Dios contesta nuestras oraciones de maneras que nos deleitan. Sin embargo, a veces la respuesta es negativa. Cuando esto suceda, tomemos un momento para reconocer su bondad, para darle gracias porque él está en control y no nosotros. Oremos para que Dios nos proteja de los largos tentáculos del orgullo que tratan de estrangular nuestra razón y convencernos de que nosotros siempre sabemos qué es lo mejor. Mientras hacemos esto, una humildad más profunda y una cordura más grande crecerán en nosotros. Nuestras mentes estarán libres de ilusiones vanas grandes y pequeñas, y creceremos en sabiduría y paz.

*Señor, tú eres Dios y yo solo soy tu criatura que te ama. Tú lo sabes todo y yo solo sé las pequeñeces más insignificantes. Tú eres todopoderoso y yo soy débil y vulnerable. Tú estás en todas partes y yo solo puedo estar en un lugar a la vez. Tú me creaste de la nada y yo no puedo crear nada que viva. Tu amor llena el universo y mi amor es apenas una llama que parpadea. Padre, qué gran combinación somos... ¡tú en tu fortaleza y yo en mi debilidad!*

# UN TELEGRAMA DEL INFIERNO

*Para evitar que me volviera presumido por estas sublimes revelaciones, una espina me fue clavada en el cuerpo, es decir, un mensajero de Satanás, para que me atormentara. Tres veces le rogué al Señor que me la quitara; pero él me dijo: «Te basta con mi gracia, pues mi poder se perfecciona en la debilidad».*

—2 Corintios 12:7-9

Hemos visto que uno de los papeles que los ángeles desempeñan en los asuntos humanos es el de transmitir mensajes entre Dios y los seres humanos. Por desgracia, parece que a Satanás le gusta enviar sus propios mensajes de cuando en cuando.

En el caso del apóstol Pablo, no sabemos qué era «su espina en el cuerpo», su «mensajero de Satanás». Todo lo que sabemos es que vino a él después que tuvo una visión extraordinaria en la que fue llevado al cielo. Sabemos por lo que dice Pablo que Dios le permitía al enemigo que actuara como el mensajero. Dos versículos después, Pablo les dice a los corintios que por amor a Cristo él se goza en las «debilidades, en afrentas, en necesidades, en persecuciones, en angustias; porque cuando soy débil, entonces soy fuerte» (2 Corintios 12:10). Cualquiera de estas cosas podría describir la «espina» que Pablo mencionaba. Quizá con toda intención lo dejó en la vaguedad para que tú y yo podamos darnos cuenta de que también tendremos nuestras «espinas», aunque nuestras circunstancias puedan diferir de las de él.

Puedes estar seguro de que Pablo no se sentía feliz de haber recibido este telegrama funesto de Satanás. Así que le rogó a Dios, no una vez, sino tres veces: «Por favor, Señor, quítala. Viene de Satanás. ¿Cómo puede ser bueno para mí?». Pablo no reaccionó a su aflicción resignándose a su suerte. Él llevó el problema directo a Dios quien le dio a Pablo la respuesta; no la que él quería, sino la que aceptó. Satanás tenía un mensaje para Pablo, pero Dios tenía un mensaje más profundo. Sea lo que sea que Pablo haya sufrido, eso proveyó una tremenda oportunidad para que en realidad se volviera más poderoso en Cristo. En la particular economía de Dios, el poder se perfeccionaba en la debilidad. Su gracia haría que Pablo se fortaleciera solo si soportaba su prueba con paciencia.

Tal vez tú también has recibido algunos mensajes de Satanás, mensajes que te asustan o te desalientan, o te hacen dudar del amor de Dios. Los mensajes que vienen de abajo pueden llegar en una variedad de maneras: una reprensión ofensiva de tu jefe, una enfermedad paralizante, una catástrofe que sorprende a tu familia. Las posibilidades son infinitas. Quizás Dios ha permitido que tú o alguien a quien amas sufra mucho. Ruega a Dios que quite tu aflicción. No aceptes la mentira de que te mereces todas las cosas malas que suceden. Pero escucha mientras estás en la presencia de Dios rogando por tu situación. Porque él puede tener un mensaje más profundo del que Satanás pretende entregarte. Dios puede tener un secreto que no pudiera contarte de ninguna otra manera. Quizás él susurrará una palabra que te ayudará a comprender el sentido de tu vida y te dará una esperanza y una mayor confianza para el futuro.

*Padre, a veces estoy tan confundida respecto a mi vida. Cuando sucede algo difícil me pregunto si me estás castigando. Me vuelvo temerosa y tensa. Pero entonces recuerdo quién es en realidad el «autor de la confusión»: mi enemigo y el tuyo. Señor, te pido que me protejas y me ayudes a atravesar la presente oscuridad para entender lo que está sucediendo en realidad.*

# Un caso de posesión

*Navegaron hasta la región de los gerasenos, que está al otro lado del lago, frente a Galilea. Al desembarcar Jesús, un endemoniado que venía del pueblo le salió al encuentro. Hacía mucho tiempo que este hombre no se vestía; tampoco vivía en una casa sino en los sepulcros.*

*—Lucas 8:26-27*

¿Qué te parece si la primera persona que te saludara en una ciudad extranjera fuera un lunático peligroso? Eso es exactamente lo que encontraron Jesús y sus discípulos cuando cruzaron el Mar de Galilea y bajaron a la costa. Los habitantes locales habían tratado de atar al hombre con cadenas, pero con fuerza demoníaca rompía los grillos y se escapaba para vagar entre los sepulcros. El cuadro que pinta el evangelio es peor que algo sacado de una vieja película de Bela Lugosi.

Si estuviéramos ante una persona semejante, la mayoría de nosotros regresaríamos de prisa al barco y nos alejaríamos del muelle lo más rápido posible. Sin embargo, Jesús había cruzado Galilea en medio de una tormenta precisamente para sanar a este hombre y no iba a regresar. Nosotros nos asustamos. Jesús se conmueve con compasión por un alma en tormento.

En lugar de correr hacia ellos con furia, el hombre endemoniado cae a los pies de Jesús y le grita a toda voz: «¿Por qué te entrometes, Jesús, Hijo del Dios Altísimo? ¡Te ruego que no me atormentes!». Los demonios eran los que hablaban, no el hombre. El poder y la autoridad de Jesús los obligó a caer a sus pies, implorando su misericordia. No obstante, Jesús tuvo misericordia del hombre, no de los demonios. Los mandó a salir y el hombre quedó restaurado a su juicio cabal.

Como hombres y mujeres modernos, a veces se nos hace difícil creer relatos semejantes. ¿No confundían estas personas enfermedad mental con posesión demoníaca? Tales errores se cometían sin duda en el antiguo Israel, pero Jesús sabía con lo que estaba tratando.

Jesús no le temía a los poderes de las tinieblas que moraban en este hombre. Él sabía que su propio poder era mucho mayor. De manera que lo usó para restaurarlo con amor. El deseo de Jesús de sanar nuestras enfermedades, ya sean de origen emocional, físico o espiritual, es el mismo hoy día.

La mayor esperanza de Dios para cada uno de nosotros es que disfrutemos de una relación íntima y amorosa con él. Nuestra comunión con él se caracteriza por el amor, la libertad, el gozo y el respeto. Los ángeles caídos, por otro lado, buscan una comunión impía y falsa que se caracteriza por el odio, el dominio, la esclavitud y el terror. Con mucha frecuencia, la maldad no es más que una falsificación del bien.

Somos ingenuos si no creemos que hay fuerzas poderosas del mal obrando en el mundo actual. Pero cometemos un error todavía más grave si no entendemos que el poder de Dios es mucho más grande que el de Satanás. Hace dos mil años, Jesús mandó a los espíritus inmundos a que salieran, y él hace lo mismo en la actualidad.

*Jesús, si voy a conocer el temor en mi vida, que sea el temor de Dios el que me domine. No me dejes caer en las manos de mi enemigo, sino guárdame en tus brazos poderosos y protectores. No dejes que sienta temor ni que me asuste el sufrimiento de los demás, sino toca mi corazón con compasión para que yo pueda, a la vez, tocar a otros con tu amor.*

# ÁNGELES DE LA NUEVA ERA

*Satanás mismo se disfraza de ángel de luz.*

—2 CORINTIOS 11:14

Crecí en una época que se avergonzaba de la religión. Las creencias religiosas personales no eran nunca el tema de una conversación educada. Lo que no se podía ver o tocar simplemente no existía. Sugerir otra cosa era destacarse como un necio o un charlatán.

Irónicamente, este escepticismo sofisticado en realidad ha aumentado nuestra susceptibilidad a toda clase de ideas y supersticiones primitivas. Como una pelota de playa que hundimos a la fuerza bajo el agua solo para que vuelva a la superficie a unos metros de distancia, nuestra naturaleza espiritual y nuestros deseos espirituales a la larga se reafirman, a veces de maneras extrañas. No es de sorprenderse que nuestra cultura ahora esté inundada de cualquier variedad de superstición, incluyendo la creencia en fantasmas, brujas, reencarnación, guías espirituales y chamanismo.

El hambre espiritual es buena en un sentido, pero peligrosa en otro. Es como soltar en un supermercado a alguien que no ha comido durante tres días. Va a traer a la casa cualquier clase de comida imaginable, y alguna comenzará a oler mal y a saber peor después de unos días en la alacena.

Este nuevo apetito es evidente en el surgimiento del movimiento de la Nueva Era, donde se presentan una variedad de manjares espirituales de los cuales los devotos pueden escoger lo que les guste y desechar el resto. En la actualidad, los ángeles son el último grito de la moda. Book of Angels [Libro de los ángeles] de Sophy Burnham, Ask Your Angels [Pregúntale a tus ángeles] de Alma Daniel y otros libros como estos han creado un interés especial en toda clase de seres espirituales. El problema con algunos de estos libros es que sin distinción extraen de fuentes cristianas y no cristianas, y a menudo no distinguen si estos seres son buenos o malos. Como dice Peter Lamborn Wilson: «La locura actual de la Nueva Era por los ángeles parece exaltar una clase de versión de ángel de tarjeta postal: cálido, comprensivo, creativo». A veces estos libros pueden ser el primer paso en una búsqueda espiritual que al final conduce a Cristo. No obstante, a menudo son desvíos que conducen a la gente al corazón de las tinieblas.

En asuntos espirituales, necesitamos guías sabios. Necesitamos cultivar discernimiento para que podamos distinguir lo que es de Dios y lo que no lo es. Si estamos buscando emociones espirituales o poder más bien que la verdad, podemos poner en peligro nuestra alma por estar jugando con lo sobrenatural. Las Escrituras llaman a Satanás el «padre de la mentira». Es el engañador más ingenioso de todos los tiempos y una de sus estratagemas favoritas es vestirse de ángel de luz, como los «ángeles de tarjeta postal», si cabe. Si caes en la trampa de ese disfraz y te abres a semejante personaje, tal vez nunca llegues a saber qué te sucedió.

El actor Geddes MacGregor refuerza este punto cuando dice: «La aflicción más terrible que afecta al que pierde la pureza de corazón es que pierde el poder de detectar el propósito del maligno cuando se le acerca como un lobo vestido de oveja. Es una presa fácil: una víctima segura del diablo. Ha perdido la claridad de la visión moral que penetra cada disfraz y es capaz de ver la realidad espiritual que se esconde tras él».

Como cristianos nos guiamos por el Espíritu Santo y por la Palabra de Dios en la Biblia. No importa lo deslumbradora que sea la visión, debemos probar los espíritus con la Palabra de Dios y no permitir que nuestras ansiedades espirituales confundan nuestro discernimiento. Si lo hacemos, seremos capaces de descubrir a un impostor siempre que lo veamos. Lejos de ser una víctima segura del diablo, tendremos la sabiduría para discernir los espíritus, sin importar lo ingenioso que sea su disfraz.

*Señor, sé que me guardarás en la senda recta si es en realidad a ti a quien busco. Ayúdame para que no busque lo sensacional, sino la verdadera santidad. Tú sabes que la búsqueda no es ni fascinante ni fácil. Tú mismo dijiste que el camino es estrecho y duro. Ayúdame, Señor, a seguirte a lo largo de ese camino y a no desviarme hacia otras sendas, no importa lo atractivas que puedan parecer.*

# 8

# LOS ÁNGELES Y LA GUERRA INVISIBLE

⤬

*Las guerras entre las naciones de la tierra son solo cuestiones insignificantes comparadas con la ferocidad de la batalla en el mundo espiritual invisible.*

BILLY GRAHAM

Al arcángel Miguel se le describe en las Escrituras como un gran guerrero que dirige el ejército del cielo contra los demonios del infierno. También se piensa que es el ángel protector del pueblo de Dios. Es consolador saber que ángeles poderosos como Miguel libran la batalla a nuestro lado.

Aunque la lucha es real, a veces la peleamos de cualquier manera excepto de una manera sabia. Los cristianos jóvenes en particular, pueden entusiasmarse tanto al hablar de armas y guerra que llegan a pensar que el combate espiritual significa vociferar órdenes contra el enemigo y cantar canciones guerreras. La verdad es que la guerra espiritual es solo una parte de la vida cristiana y no es muy fascinante. Si insistimos en luchar en la carne, no tendremos otra cosa que contusiones espirituales para demostrarlo.

Tenemos que estar conscientes de que Dios permite que libremos la batalla para fortalecernos. Al resistir las seducciones del mal, crecemos en madurez. Cuanto más vivimos en obediencia a Cristo, tanto mayor será nuestra habilidad para destruir las fortalezas del enemigo. Nuestras armas no impresionarán a nadie, pero serán lo suficiente efectivas para ganar la guerra: santidad, fe, mansedumbre, paciencia, verdad y el conocimiento de la Palabra de Dios.

Necesitamos celo para la lucha, pero asegurémonos de que es un celo divino, más bien que una versión carnal que solo nos causará dificultades. Más que nada, recordemos que es Cristo quien nos conduce a la batalla y nos mantiene a salvo. Sin él, no tendríamos ni siquiera la posibilidad. Con él, tenemos la victoria.

# CUANDO EL DIABLO
# ES EL VECINO

❧

*Se desató entonces una guerra en el cielo: Miguel y sus ángeles comba-*
*tieron al dragón; éste y sus ángeles, a su vez, les hicieron frente, pero no*
*pudieron vencer, y ya no hubo lugar para ellos en el cielo. Así fue ex-*
*pulsado el gran dragón, aquella serpiente antigua que se llama Diablo*
*y Satanás, y que engaña al mundo entero. Junto con sus ángeles, fue*
*arrojado a la tierra.*

—APOCALIPSIS 12:7-9

Nos guste o no, cuando a un vecindario se mudan «elementos indesea-
bles» se ve afectado el valor de las propiedades inmuebles. Imagínate cómo se vio afectada la propiedad inmueble a la que llamamos «tierra»
cuando lanzaron a Satanás del cielo a la tierra. No sé tú, pero yo he sentido
la tentación de expresarle un «muchas gracias» sarcástico a Miguel y a sus
ángeles por expulsar a Satanás y sus secuaces del reino de los cielos. ¿No
podían haberlo lanzado a una región desierta del universo? En un sentido,
el diablo es ahora el vecino de todo el mundo. Y en definitiva está malo-
grando el vecindario.

Por lo menos podemos estar agradecidos de que las Escrituras nos advierten que la guerra que comenzó en el cielo ahora ruge en la tierra, a veces
en nuestro propio patio. En realidad, el libro de Apocalipsis dice que el diablo
hace guerra contra los que «obedecen los mandamientos de Dios y se mantienen fieles al testimonio de Jesús» (Apocalipsis 12:17). Después de todo, es
mejor saber que uno está en guerra y armarse como corresponde que deam-
bular con inocencia y pisar minas terrestres.

Pero volvamos a lo del vecindario. ¿Qué harías tú si empezaran a mu-
darse delincuentes al tuyo? Pudieras vender tu casa pero, ¿y si los delincuentes se han mudado a todas partes? ¿Si hasta los mejores vecindarios

tienen un maleante en cada esquina? Estarías solo intercambiando un mal vecindario por otro.

Lo mejor que pudieras hacer en una situación semejante sería armarte y equiparte. Sin duda alguna instalarías en tu casa medidas de seguridad más eficientes y tal vez compraras armas y tomaras un curso de defensa personal. También recurriríamos a las autoridades para que nos ayudaran.

Saber que el enemigo anda suelto es una cuestión que nos hace reflexionar. Pero las Escrituras nos dicen cómo librar el combate espiritual para que no tengamos que temerle a Satanás, «porque el que está en ustedes [Jesús] es más poderoso que el que está en el mundo» (1 Juan 4:4). Necesitamos armarnos con las tácticas y las armas del cielo, más bien que con las estrategias del mundo. Cuanto más penetre el evangelio en nuestra vida, tanto mas percibiremos que las armas de Cristo son: humildad, obediencia al Padre, confianza y fe, verdad, vida recta y la Palabra de Dios, que es «la espada del Espíritu» (Efesios 6:17). Al recurrir a la autoridad de Dios para enfrentarnos a los ataques de nuestro enemigo, aumentará nuestra confianza en que Cristo les ha dado a sus discípulos autoridad sobre el diablo.

No debemos dejar que el vecindario sea para Satanás, sino que tenemos que reclamar esta tierra para el reino de Dios. Como dice la Escritura: «Del Señor es la tierra y todo cuanto hay en ella, el mundo y cuantos lo habitan» (Salmo 24:1). Jesús está dedicado a recobrar territorio para Dios y nosotros estamos alistados en su ejército. Por eso Satanás con frecuencia apunta a los cristianos. Al pelear contra el enemigo, recordemos la oración que Jesús nos enseñó: «Padre nuestro que estás en el cielo, santificado sea tu nombre, venga tu reino, hágase tu voluntad en la tierra como en el cielo» (Mateo 6:9-10). Traigamos el reino a nuestro propio vecindario. Cuanto más invasión del cielo haya sobre la tierra, tanto menos le gustará a nuestro enemigo estar aquí.

> *Padre, ayúdame a no ser ingenua acerca del conflicto espiritual que ruge a mi alrededor. Lo que es más, no permitas que intente depender de mi propia fuerza. En cambio, revísteme de integridad, con fe en ti, con obediencia a tus mandamientos, con el conocimiento de lo que tu Hijo ha hecho por mí y con el tremendo poder de tu Palabra. De esa manera seré fuerte en la fuerza de tu poder.*

# El príncipe de este mundo

◦❦◦

*En otro tiempo ustedes estaban muertos en sus transgresiones y peca-*
*dos, en los cuales andaban conforme a los poderes de este mundo. Se*
*conducían según el que gobierna las tinieblas, según el espíritu que*
*ahora ejerce su poder en los que viven en la desobediencia.*

—EFESIOS 2:1-2

El escritor J. R. R. Tolkien tiene una trilogía de fantasías muy popular bajo el título de *The Lord of the Rings* [El señor de los anillos]. El personaje principal, Frodo Baggins, poseía un anillo de gran poder. Entre otras cosas, el anillo tenía el poder de hacer invisible al que lo usaba. La peligrosa búsqueda de Frodo significó viajar a la Montaña de la Muerte en la tierra de Mordor para poder echar el anillo a las llamas de la montaña, destruyendo así su terrible poder para siempre.

Unos jinetes negros perseguían a Frodo y sus acompañantes para tratar de asesinarlos y tomar el anillo. En uno de los encuentros, Frodo fue presa del pánico y se colocó el anillo en el dedo con la esperanza de que lo haría invisible a sus perseguidores. De lo que no se dio cuenta fue de que el anillo en realidad lo hizo visible a los jinetes malvados e invisible a sus acompañantes. Casi lo matan en la refriega que siguió. Cada vez que Frodo sucumbía a la tentación de usar el anillo, se volvía más vulnerable a sus poderosos encantamientos.

La desobediencia opera de un modo muy similar al anillo de Frodo. Sabemos lo que Dios exige de nosotros. Sin embargo, nuestro orgullo, nuestros temores y nuestros deseos nos tientan a obedecer nuestra voluntad antes que a la de Dios. Preferimos nuestra propia definición de lo que es bueno para nosotros en vez de la definición de Dios.

En su Carta a los Efesios, Pablo establece con claridad que los que viven una vida de desobediencia a Dios tienen al que gobierna las tinieblas, o Satanás, obrando en ellos. El príncipe de este mundo en realidad se satisface con nuestra desobediencia. Vivir una vida de desobediencia es como ponerse el anillo de Frodo. Nos hace vulnerables a toda clase de mal. El hacer de la desobediencia un hábito pone a las personas bajo el poder de Satanás.

Amar a Dios, por otro lado, significa mucho más que alabarlo de labios. Exige una entrega total de nuestra vida en las manos de Dios, obedeciendo sus mandamientos aunque no tengamos el deseo. Al crecer en una vida de obediencia, nuestro poder para resistir el mal aumentará. Esto se parece a la manera en que los ejercicios aeróbicos aumentan la capacidad pulmonar; preferir la voluntad de Dios a la tuya propia aumentará tu resistencia espiritual. En vez de que el príncipe de este mundo esté obrando en tu vida, tendrás el poder de Jesucristo obrando dentro de ti. Estarás más fuerte y más gozoso, más capaz de resistir las seducciones de los ángeles malvados, no importa lo atrayentes que puedan parecer.

*Jesús, una vez tú dijiste que tu alimento era hacer la voluntad de tu Padre que está en los cielos. Oro que esa voluntad también sea mi alimento. Susténtame con el poder de tu Espíritu Santo para que pueda hacer de la obediencia un hábito que deleitará a tus ángeles y hará huir a mi enemigo.*

# El pan de los ángeles

~≈~

*Y caminó [Elías] todo un día por el desierto. Llegó adonde había un arbusto, y se sentó a su sombra con ganas de morirse. «¡Estoy harto, Señor! —protestó—. Quítame la vida» [...] De repente, un ángel lo tocó y le dijo: «Levántate y come» [...] Elías se levantó, y comió y bebió. Una vez fortalecido por aquella comida, viajó cuarenta días y cuarenta noches hasta que llegó a Horeb, el monte de Dios.*

1 Reyes 19:4-5, 8

E lías fue un profeta del Antiguo Testamento que pronunció la palabra del Señor en una época de idolatría. Acababa de disfrutar de una victoria espectacular sobre los profetas falsos, los cuales fueron destruidos cuando Elías pidió que cayera fuego del cielo. Ahora lo vemos huyendo, temeroso de la malvada reina Jezabel, cuyos profetas él había matado. Elías estaba tan asustado y deprimido que le pidió a Dios que le quitara la vida. Pero Dios tenía una idea mejor.

En lugar de eso, envió un ángel a tocarlo y a sustentarlo en el desierto. La comida que el ángel trajo fue suficiente para sostener a Elías durante los siguientes cuarenta días con sus noches. ¡Eso es lo que se llama una merienda de alto valor energético!

Muchos de nosotros nunca nos veremos como prófugos huyendo de una reina malvada. Tampoco es probable que pidamos que caiga fuego del cielo. Sin embargo, cada uno tiene el llamado a ser testigo del Dios viviente, y a veces nuestro testimonio no se apreciará. Siempre que obramos contra los ídolos de nuestra época —contra la codicia, el dinero, el poder y el sexo— encontraremos gran oposición espiritual.

Observa que Elías debió estar eufórico más bien que deprimido. Acababa de ganar la victoria espiritual más grande de su vida. Dios había mostrado su poder de una manera muy dramática. Sin embargo, se atemorizó y se desanimó. La extraordinaria fe que mostró cuando estaba rodeado por los falsos profetas dio paso al agotamiento y a la duda. Tanto que ya no quería seguir viviendo.

La experiencia de Elías es a veces la nuestra. Tal vez hayamos visto a Dios obrando por medio de nosotros o mediante nuestras oraciones de una manera nueva y poderosa. Y sin embargo experimentamos terror y desánimo cuando enfrentamos un revés aparente. Si eso sucede, podemos ser el blanco, como lo fue Elías, de un contraataque espiritual. Hemos invadido territorio enemigo y él no está contento.

Pero Dios no abandonó a Elías para que resolviera su depresión por sí mismo. En cambio, envió a uno de sus ángeles fieles para tocar a su siervo y alimentarlo con el pan del cielo. Tal vez recuerdes que Jesús les dijo a sus discípulos que él tenía un alimento que comer que ellos no conocían. Su alimento era hacer la voluntad de su Padre que está en el cielo. Mientras procuramos hacer la voluntad de Dios y ser sus testigos en un mundo incrédulo, también recibiremos sustento del pan de los ángeles y nuestro agotamiento y depresión cederán a la fe y a la esperanza en la increíble provisión de Dios.

*Padre, a veces estoy tan cansada de la lucha que me pregunto si en realidad vale la pena. Hasta comienzo a preguntarme si en realidad he ganado algún terreno. En momentos semejantes, ayúdame a ver el verdadero estado de las cosas. No dejes que mi enemigo me desaliente con mentiras acerca de su poder. Aliméntame con el pan de los ángeles y dame gozo en medio de la batalla.*

# Lucha a favor de los ángeles

❧

*Porque nuestra lucha no es contra seres humanos, sino contra poderes, contra autoridades, contra potestades que dominan este mundo de tinieblas, contra fuerzas espirituales malignas en las regiones celestiales.*
—Efesios 6:12

Pablo no está cometiendo el pecado de hipérbole cuando dice que nuestras luchas son contra los poderes cósmicos de las tinieblas. La Biblia no es otra cosa que un relato del conflicto entre el bien y el mal.

Sin embargo, con facilidad tendemos a creer que nuestros enemigos principales son simples seres humanos. En el frente religioso, los cristianos indignan al mundo por las riñas e insultos entre ellos mismos. Católicos y protestantes se ven con mutua sospecha previsible. Los tradicionalistas acusan a los carismáticos de carismanía. Y los puristas lanzan indirectas a cualquiera que no vive a la altura de su versión del cristianismo. Desde luego que es importante luchar por la enseñanza sólida del evangelio, por las verdades de nuestra fe. Pero a menudo estamos divididos en lo secundario, en cuestiones que no son centrales a lo que C. S. Lewis llama «cristianismo puro». Ninguna denominación o grupo es inocente en ese aspecto. Escoge lo que quieras y podemos encontrar algo por lo cual pelear. Mientras tanto, hombres y mujeres perecen por no oír el evangelio.

Este mismo espíritu de contienda a menudo caracteriza nuestras relaciones en el frente político. Caemos víctimas de lo que se llama la ilusión política: empezamos a creer que cada problema que enfrentamos tiene una solución política. Eso añade una nueva intensidad a la arena política, donde nos falta muy poco para llamar a nuestros oponentes el anticristo. La verdad es que a veces nos comportamos en el ámbito político como cualquier cosa excepto como hombres y mujeres cuya conducta se conforma a la bondad de Cristo.

Es cierto, las diferencias políticas y religiosas pueden tener una importancia tremenda. Pero a veces el diablo nos las echa en cara, como una cortina de humo, ocultando lo que está sucediendo en realidad. Por ejemplo, tal vez sean políticos y jueces corruptos los que nos gobiernan porque estamos recibiendo lo que nos merecemos como nación. Tal vez Dios esté permitiéndonos experimentar el fruto de nuestra rebelión contra él. El arrepentimiento puede cambiar las cosas de una manera que las campañas políticas no pueden. Debemos desarrollar una perspectiva espiritual y política. Si no miramos debajo de la superficie para ver lo que está sucediendo en el aspecto espiritual, con frecuencia no entenderemos la realidad.

Las Escrituras nos dicen que estamos en una batalla, pero qué triste si confundimos quién es el enemigo real y comenzamos a pelear unos con otros. Nuestros enemigos no son sencillamente de carne y hueso. Peleamos contra poderes espirituales y debemos combatirlos con armas espirituales. Mientras que Satanás y sus ángeles emplean las armas del odio —engaño, difamación, codicia y confusión— a nosotros se nos llama a usar las armas del amor: perdón, misericordia, fe, verdad, discernimiento, oración, sacrificio y rectitud. La batalla es real. No podemos ignorarla. Sin embargo, tampoco podemos entrar a la refriega con ilusiones vanas acerca de quién es el enemigo y cómo tenemos que combatir. Si queremos combatir a favor de los ángeles, tenemos que prestar atención a la advertencia de Pablo.

*Padre, ayúdame a ser sabia como una serpiente e inocente como una paloma. Ayúdame a conocer quién es mi enemigo real y cómo tengo que luchar. Ayúdame a tener dominio de mí misma para que no ceda a la tentación de utilizar trucos e insultos a causa de la «rectitud». Permíteme en cambio usar las armas de la oración, la perseverancia, la paciencia, la verdad, la obediencia y el amor.*

# 9

# CUANDO NO LLEGA NINGÚN ÁNGEL LIBERTADOR

~

*¿Ninguna herida? ¿Ninguna cicatriz? Sin embargo,*
*como el Amo será el criado, y los pies que me siguen están*
*lacerados, pero los tuyos están sanos, ¿puede haber seguido*
*desde muy lejos quien no tiene herida ni cicatriz?*

AMY CARMICHAEL

Son pocas las personas que no han sufrido alguna tragedia en la vida. Todos conocemos mujeres que son víctimas de violación sexual, hombres que han muerto de enfermedades horribles, niños que han recibido maltratos, soldados que fueron mutilados en la guerra. ¿Por qué no vienen los ángeles a enderezar las cosas? Seguro que tienen el poder para hacerlo. ¿Dónde están ellos cuando de veras los necesitamos?

Todo el que cree que los ángeles existen planteará esta pregunta. Desde luego, es solo otra manera de hacer la vieja pregunta acerca del bien y del mal. ¿Cómo pudo un Dios bueno permitir que el mal existiera?

La respuesta no es sencilla. Parte de ella yace en la naturaleza misma del amor. Aprendemos de las Escrituras que Dios es amor. Cuando él nos creó, corrió todos los riesgos que el amor demanda. Lo que quiero decir es que él nos formó como seres que seríamos capaces de abrazar o rechazar su amor. Los robots no pueden amar, pero los hombres y las mujeres sí. Por la misma razón también pueden odiar. Este fue el riesgo tremendo que Dios corrió al crearnos como seres capaces de aceptar o rechazar su amor.

La maldad consiste en el simple rechazo de amar a Dios. Cada persona aquí en la tierra toma esa decisión. En todos los lugares donde se rechaza a Dios, el mal llena las ciudades, las calles y los hogares. Con todo, Dios puede transformar ese mal para obligarlo a servir sus propósitos.

En última instancia, eso es lo que vemos en la vida, muerte y resurrección de Jesús de Nazaret. Vemos el más profundo amor de Dios que triunfa a pesar de las malas intenciones de los ángeles caídos y de los seres humanos. Cuando confrontamos el mal en nuestra propia vida y en la vida de los que amamos, debemos recordar que Dios está de nuestra parte y que él nunca nos abandonará ni desamparará. Su amor conquista cualquier mal y derrota a todos sus enemigos.

# CÓMO COMBATIR A LOS
# ÁNGELES DE LAS TINIEBLAS

*Luego el Espíritu llevó a Jesús al desierto para que el diablo lo sometiera a tentación. Después de ayunar cuarenta días y cuarenta noches, tuvo hambre. El tentador se le acercó [...] Entonces el diablo lo dejó, y unos ángeles acudieron a servirle.*

—MATEO 4:1-3, 11

Después del bautismo de Jesús en el río Jordán, el Espíritu lo guió al desierto para ser tentado por el diablo. Jesús ayunó durante cuarenta días y cuarenta noches en el desierto, y entonces el diablo llegó para tentarlo tres veces.

¿No es interesante que Jesús se debilitara deliberadamente a sí mismo antes de librar combate con su archienemigo Satanás? Ayunó cuarenta días con sus noches y estaba muerto de hambre. En un sentido, uno puede decir que debilitó su cuerpo para fortalecer su espíritu. Muy a menudo, los métodos del cielo contradicen nuestros instintos primarios.

Observa también que el Espíritu en realidad guió a Jesús al desierto. Jesús no decidió por sí mismo que era tiempo de desquitarse con el diablo, pero permitió que el Espíritu Santo iniciara una etapa en su vida en la que soportaría la prueba y la tentación. Aun más, los ángeles no aparecieron en la escena hasta que Jesús hubo resistido con éxito cada trampa que Satanás le lanzó. Solo entonces el ejército celestial vino y le sirvió, algo así como los ayudantes de un boxeador profesional después de una pelea.

En ocasiones, el Espíritu también nos guiará a nosotros al desierto a soportar un tiempo de prueba. Tal vez sea un desierto de enfermedad, de soledad, de incomprensión, de pobreza, de fracaso o de duda. En cualquier caso, podemos recibir aliento de este episodio crucial en la vida de Jesucristo. Porque la experiencia de Jesús en el desierto en realidad lo preparó para su ministerio público. Los milagros, la predicación y las sanidades caracterizarían el ministerio más tremendo que el mundo jamás ha visto. Pero no sin que antes Jesús librara un fiero y terrible combate espiritual.

Si te encuentras en el desierto quizás debes sentirte alentado. Tal vez Dios te esté preparando para un tiempo más fructífero y de más gozo. Con frecuencia, estos tiempos no surgen sin lucha. Esa lucha puede significar que te enfrentes a tu propia pecaminosidad y falta de fe. Tu enemigo quiere convencerte de que Dios te ha abandonado y que no sirves para nada. Tal vez estés anhelando que los ángeles te susurren al oído «valor», pero ninguno llega. En esta clase de desierto recuerda aferrarte a Dios. Tal como Jesús oró y ayunó, manteniendo comunión vital con su Padre, asegúrate de que te estás aferrando a Dios en medio de tu experiencia en el desierto. Es imposible que te enfrentes al mal tú solo y triunfes. Pero con paciencia y fe puedes salir más fuerte y más lleno de esperanza que antes.

En ocasiones tendrás la tentación de huir del desierto. Si te sientes solo, es posible que te encuentres buscándole una explicación razonable a una relación perjudicial. Si estás ansioso acerca de tu futuro, tal vez llegues a obsesionarte por hallar maneras de protegerte a ti mismo y a tu familia de dificultades financieras. Si no has podido tener hijos, puedes estar tentado a probar tratamientos médicos para concebir que no consideras éticos. Cualquiera que sea tu tentación, resiste al enemigo y pídele a Dios la fuerza para proseguir.

Tu desierto tendrá su fin en un tiempo en el que los ángeles vendrán y te servirán como hicieron con Jesucristo. Ese será un tiempo de regocijo, un tiempo de avanzar una vez más en poder y confianza, un tiempo de bendición mientras Dios continúa cumpliendo sus propósitos en tu vida.

*Ayúdame, Dios. Estoy tan cansada de este desierto. A veces pienso que nunca terminará. Me siento tan necesitada que no me gusta la imagen que contemplo. ¿Estás probándome en realidad? Si es así, ¿qué tengo que aprender? Ayúdame a aferrarme a ti, Señor, y fortaléceme para que no sienta la tentación de tener compasión de mí misma y del temor. Guíame a un lugar seguro.*

# ¿UN SUEÑO O UNA PESADILLA?

*Cierto día José tuvo un sueño y, cuando se lo contó a sus hermanos, éstos le tuvieron más odio todavía.*

—GÉNESIS 37:5

Además de Caín y Abel, la historia de José es uno de los casos más famosos de rivalidad entre hermanos que jamás se haya contado. José, el predilecto de su padre Jacob, cometió el error de contarles a sus hermanos un sueño que tuvo, y que parecía indicar que un día él reinaría sobre ellos. Con envidia, ellos tramaron y maquinaron hasta que al fin vendieron como esclavo a su hermano más joven a una caravana de mercaderes que se dirigían a Egipto.

José tuvo muchos años para preguntarse por qué su sueño se había vuelto una pesadilla. ¿Es que acaso Dios no le había prometido que un día sería grande? ¿Entonces por qué era un esclavo en Egipto? ¿Sería acaso que había sufrido de presunción juvenil? ¿Quién era él para pensar que Dios lo había escogido para algún propósito especial?

Sin embargo, la promesa de Dios no había cambiado. Y José llegó a ser no solo un soñador, sino un intérprete de sueños. Cuando lo llamaron para interpretar uno de los sueños de Faraón, José predijo siete años de prosperidad seguidos por siete años de hambre en toda la tierra. Los hechos se desarrollaron tal como José predijo. Gracias a José, Egipto pudo usar los siete años buenos para prepararse para los siete años malos. Faraón quedó tan impresionado con el joven esclavo hebreo que lo hizo gobernador de Egipto.

El hambre que José había previsto se extendió hasta Canaán, donde Jacob todavía vivía con los hermanos de José. Para defenderse del hambre varios de ellos viajaron a Egipto a comprar grano, sin siquiera imaginarse que su hermano más joven era ahora un hombre poderoso en la tierra. A través de una serie de acontecimientos sorprendentes, a la larga Jacob y sus hijos se trasladaron a Egipto. En una escena conmovedora al final del libro de Génesis, los hermanos lloran y le piden perdón a José. Con increíble misericordia José responde: «Es verdad que ustedes pensaron hacerme mal, pero Dios transformó ese mal en bien para lograr lo que hoy estamos viendo: salvar la vida de mucha gente» (Génesis 50:20). En el momento preciso, Dios había traído a Jacob y a su familia a un lugar seguro, donde podrían sobrevivir los años de hambre.

Dios no envió a un ángel a rescatar a José, pero le dio un sueño magnífico para sostenerlo durante los años difíciles.

Quizás él te ha dado a ti un sueño o te ha hecho una promesa que ahora parece imposible de cumplir. Como José, tal vez un ser querido haya pecado contra ti, un miembro de la familia te ha maltratado, un esposo o esposa te ha traicionado, una persona ha divulgado calumnias acerca de ti. Tal vez tengas cicatrices emocionales y físicas a causa del pecado de otros. Quizás las heridas son tan profundas que sientes como si te hubieran vendido a una esclavitud emocional y eres incapaz de liberarte de los dolores del pasado. Quizás te preguntes por qué Dios permitió que esos males te ocurrieran. ¿No hubiera podido él utilizar un ángel o dos para protegerte cuando tú no podías protegerse a ti mismo?

Si te sientes así puedes hallar consuelo en la historia de José. A través de los largos años de esclavitud, José no perdió la fe en Dios. Aunque ningún ángel lo protegió de las malvadas intenciones de sus hermanos, él igual se aferró a Dios. Tiene que haber sufrido mucha soledad, rechazo, depresión y confusión en los años anteriores a que Dios cumpliera su sueño. No obstante, los pecados de los hermanos de José no podían estorbar el plan de Dios. En cambio, él usó esos mismos pecados para cumplir su propósito. El mal que José sufrió vino a ser precisamente lo que Dios usó para moldearlo en la clase de hombre capaz de gobernar. Con infinita creatividad, Dios una vez más transformó las intenciones malévolas de otros para cumplir su propio plan.

Si has vivido ya unos cuantos años, debes haber sufrido por los pecados de alguien cercano a ti. Pídele a Dios gracia para confiar en él en medio de tu sufrimiento. Si lo haces, él no dejará que tu angustia sea en vano. En cambio, te levantará y te usará para sus propósitos al hacer algo hermoso de cada lágrima que has derramado.

*Padre, tú conoces las formas en que me han herido, en particular cuando era demasiado joven para defenderme. Por favor, ayúdame a deshacerme de mi amargura y a dejar que tú hagas algo bueno de lo que he sufrido. Sobre todo, ayúdame a perdonar a los que han pecado contra mí. Tu Hijo sufrió injustamente en la cruz y ahora lleva sus heridas como un emblema de honor. Transforma mis heridas en algo hermoso para tu reino.*

# Un ángel que fortalece

❧

*Jesús salió de la ciudad y, como de costumbre, se dirigió al monte de los Olivos, y sus discípulos lo siguieron. Cuando llegaron al lugar, les dijo: «Oren para que no caigan en tentación». Entonces se separó de ellos a una buena distancia, se arrodilló y empezó a orar: «Padre, si quieres, no me hagas beber este trago amargo; pero no se cumpla mi voluntad, sino la tuya». Entonces se le apareció un ángel del cielo para fortalecerlo.*

—Lucas 22:39-43

A veces cometemos el error de pensar que a Jesús le resultó fácil morir por nosotros. Después de todo, él era Dios, ¿no es cierto? Él podía hacer lo que quería. Sin embargo, el evangelio nos dice que Jesús estaba lleno de agonía y temor en la víspera de su muerte. Tanta, que le pidió a su Padre que cambiara de idea acerca de la crucifixión, para salvarlo del «trago amargo» que estaba destinado a beber.

Me entristece imaginar lo que Jesús habrá tenido que soportar por mi culpa. Sin embargo, también me consuela. Él sintió el mismo temor que asedia mi alma cada vez que me acechan posibilidades horrendas. Al igual que Jesús, puedo clamar a Dios con honestidad y pedirle que me rescate. Y al igual que Jesús puedo decirle al Padre que pase lo que pase quiero que se haga su voluntad.

El Padre le contestó a su Hijo, no con la respuesta que Jesús esperaba, sino con la respuesta que estuvo dispuesto a recibir. En vez de enviar un ángel libertador, Dios envió un ángel a impartirle más valor para el sufrimiento terrible que le esperaba.

Por su parte, Jesús exhortó a los discípulos a orar para que no cayeran en tentación. A pesar de su exhortación, no pudieron permanecer despiertos lo suficiente para orar con él en la hora más oscura. Acababan de comer la cena de la Pascua y habían tomado vino. ¿Cómo podía Jesús esperar que permanecieran despiertos y oraran? ¿De qué clase de tentación estaba hablando?

Jesús sabía que el temor dominaría a los discípulos durante un tiempo. Después de su arresto, iba a parecer que Satanás tenía el predominio. Pedro, Jacobo, Juan y el resto del grupo perderían la fe, lo traicionarían y correrían a esconderse. Ninguno de ellos se mantendría firme cuando los soldados vinieran a arrestarlo.

Nos preguntamos cómo pudieron los discípulos ser tan cobardes. Sin embargo, nosotros sucumbimos a las mismas tentaciones que ellos sucumbieron. Al igual que Pedro, le decimos a Jesús que lo amamos y que estamos dispuestos a seguirlo. Pero no estamos dispuestos a seguirlo en la oscuridad del temor, la confusión y el sufrimiento; no estamos dispuestos a creer que Dios enviará a sus ángeles a darnos valor para enfrentar las circunstancias más adversas. Nuestra fe se estremece cuando el desastre amenaza. Queremos retroceder, correr y escondernos, encontrar un lugar de máxima seguridad.

En tiempos como esos necesitamos repetir la oración de Jesús. «Tengo miedo, Señor. Por favor, quita este sufrimiento de mí. Con todo, Padre, no contestes mi oración si contradice tu voluntad». Mientras oramos, Dios nos contestará. Ya sea que nos libre o no del sufrimiento que más tememos, nos dará valor para enfrentarnos con lo que venga.

*Señor, tú me pruebas y a menudo me encuentras insuficiente. A veces me sorprendo por la cobardía que descubres en mí. Pero de la misma forma que el ángel te fortaleció en el monte de los Olivos, dame fuerzas para seguir firme sin que me importe lo que el Padre pida.*

# CUANDO UNO SE SIENTE DESAMPARADO POR DIOS

*Dios mío, Dios mío, ¿por qué me has desamparado?*

—MATEO 27:46

El grito angustioso de Jesús desde la cruz resuena a través de los siglos para llenar nuestros propios corazones con un dolor insoportable. ¿Cómo es posible que el Hijo de Dios, el que dio vida a la creación, fuera aparentemente conquistado por la muerte y abandonado por su Padre?

¿Es esto amor?, nos preguntamos. Jesús mismo nos aseguró que ningún padre terrenal daría una piedra a un hijo que le pidiera pan. Sin embargo, ¿no estaba el Padre celestial dándole a Jesús justo eso mismo, un silencio tan pétreo que parecía como completo abandono? ¿No podía Dios haber roto el silencio aterrador con una palabra de aliento como hizo cuando Jesús fue bautizado en el Jordán: «Éste es mi Hijo amado; estoy muy complacido con él» (Mateo 3:17)? No obstante, el Padre nada dijo mientras Jesús colgaba de la cruz bajo el sol del mediodía.

A veces nosotros también sentimos esta aparente ausencia cruel de Dios en nuestra vida. ¿Dónde está él cuando muere un hijo, cuando perdemos nuestro trabajo, cuando sufrimos el dolor del divorcio o nos sentimos traicionados por un hermano creyente? En una mayor escala, ¿dónde estaba Dios cuando los judíos murieron en las cámaras de gas de Auschwitz? ¿Dónde está él hoy cuando se masacran miles en Bosnia y cientos de miles en Rwanda?

Si Dios no está dispuesto a quitar nuestro sufrimiento, ¿no podía por lo menos darnos unas palabras de consuelo? Con desesperación anhelamos que Dios nos asegure que todo saldrá bien. ¿Por qué no se desata una bendición para aliviar nuestro dolor, para asegurarnos que estamos en la senda correcta, que Dios todavía tiene un plan maravilloso para nuestra vida?

Desde luego, Dios a menudo nos habla en tales circunstancias, ¿pero por qué hay ocasiones en que no lo hace?

Es evidente que el precio de la redención significó una agonía interna tremenda así como un dolor físico insoportable. Y sin embargo Jesús, al pronunciar estas palabras, estaba en realidad repitiendo el primer versículo del Salmo 22: «Dios mío, Dios mío, ¿por qué me has abandonado?». Al hacer esto estaba citando las palabras de todo el salmo. Si nos detenemos en el primer versículo, no llegamos a conocer la mayor profundidad de la fe de Cristo en su Padre, aun en medio del sufrimiento.

El Salmo 22 continúa más adelante diciendo: «¡Alaben al Señor los que le temen! ¡Hónrenlo, descendientes de Jacob! ¡Venérenlo, descendientes de Israel! Porque él no desprecia ni tiene en poco el sufrimiento del pobre; no esconde de él su rostro, sino que lo escucha cuando a él clama» (vv. 23-24).

Clavado en la cruz, sufriendo una muerte horrible, Jesús no negó su sentimiento de abandono. Su clamor fue honesto. Aun así, afirmó con certeza absoluta su fe en la bondad del Padre y en el propósito de su plan. Los caminos de Dios son a menudo tan extraños para nosotros que a veces sentimos repulsión por ellos. ¿Por qué murió un hombre bueno para que yo pudiera quedar libre? Parte de la respuesta a la vieja pregunta en relación con el mal en el mundo tiene que ver con el mal en ti y en mí. El remedio para nuestro pecado es tan radical que nos asombra y a veces nos avergüenza. Mediante la obediencia, Jesús nos liberó de nuestro pecado y nuestra culpa.

En la hora más desesperada de su vida ningún ángel vino a librarlo, ni siquiera a ofrecerle palabras de consuelo. Sin embargo, nosotros sabemos que la resurrección de Jesús reveló la fidelidad y el más profundo amor de Dios.

Quizás estás enfrentando alguna clase de muerte en tu vida. Puede ser la muerte de un sueño, la muerte de una relación o la muerte muy real de alguien que amas. Recuerda orar todo el Salmo 22, no solo la primera línea, porque Dios oye cuando clamamos a él.

*Padre, ¿por qué me has abandonado? Clamo pero no escucho respuesta. ¿Por qué permaneces tan lejos de mí? Sin embargo, tú eres el que me has guardado desde el momento de mi nacimiento. De alguna manera, se que tú no desprecias mis aflicciones, sino que me escuchas cuando clamo a ti. Gracias a ti viviré para contar a otros de tu fidelidad.*

# 10

# ÁNGELES EN EL MOMENTO DE LA MUERTE

❧

*No se regocijen por la salida de un barco al mar porque no saben qué tormentas va a encontrar [...] Pero regocíjense más bien cuando un barco ha llegado a puerto y trae a todos sus pasajeros en paz.*

ADAPTADO DEL TALMUD

Para cada uno de nosotros, la muerte es un destino que no podemos evitar. Representa el último desafío a nuestra fe, el fin del mundo tal como lo conocemos. A pesar de todo lo que se oye acerca de la «muerte con dignidad», por lo general hay muy poca dignidad en nuestra experiencia de morir. Es un momento de abandono, de debilidad, de humillación, un momento en el que no podemos ignorar por más tiempo los límites de nuestra humanidad.

Jesús mismo lloró ante la muerte de su mejor amigo Lázaro, esto a pesar del hecho de que pronto lo levantaría de los muertos. No importa lo que se diga, la muerte no es nuestra amiga. Para empeorar las cosas, la muerte implica hacer un viaje sin ningún otro acompañante humano. Lo hacemos solos, es decir, excepto por el Señor y sus ángeles.

La Biblia indica que los ángeles están presentes, llevando las almas de hombres y mujeres de este mundo al próximo. A manera de ejemplo, recuerda que los ángeles llevaron el alma del pobre Lázaro al cielo y estaban también presentes en el sepulcro de Jesús. Billy Graham dice acerca del papel de los ángeles: «Cientos de relatos dejan constancia de la escolta celestial de ángeles en la muerte. Cuando mi abuela materna murió, por ejemplo, la habitación se llenó de una luz celestial. Se sentó en la cama y casi riéndose dijo: "Veo a Jesús. Sus brazos están extendidos hacia mí. Veo a Ben (su esposo) y veo a los ángeles"».

Una amiga mía me contó de cuando su madre murió de cáncer. «Mi madre murió hace dos años. En realidad vino al Señor durante el tiempo de su enfermedad. La noche que murió, mi hermana estaba cerca de su cama. Quedó pasmada al ver a mi madre rodeada por una luz brillante. Dice que parecía la aurora boreal. Ella está segura de que eran los ángeles».

Si temes a la muerte puedes recibir consuelo al saber que tú y los que amas no tendrán que hacer el viaje solos. Dios en su tierno amor nunca abandonará a los que le pertenecen. Él te rodeará con sus ángeles para guardarte de perjuicios y te guiará con seguridad hasta el hogar celestial.

# El ángel en la tumba

❧

*Entonces José bajó el cuerpo, lo envolvió en una sábana que había com-*
*prado, y lo puso en un sepulcro cavado en la roca. Luego hizo rodar una*
*piedra a la entrada del sepulcro [...] Al entrar en el sepulcro [María*
*Magdalena y María la madre de Santiago y Salomé] vieron a un joven*
*vestido con un manto blanco...*

—MARCOS 15:46; 16:5

José era un hombre rico de Arimatea y seguidor de Jesús. Mientras el cuerpo de Cristo todavía colgaba de la cruz, José fue a pedirle a Pilato que le
permitiera enterrarlo. De manera que envolvió el cuerpo en una sábana y
lo depositó con ternura en su propia tumba, que hacía poco tiempo había
labrado en una roca.

Las últimas palabras de Jesús desde la cruz fueron: «Todo se ha cumplido» (Juan 19:30). José suponía que en realidad todo estaba terminado,
mientras rodaba una piedra grande sobre la entrada del sepulcro y regresaba
a casa para llorar a su amigo muerto. Habían enterrado a la mejor esperanza
de Israel sobre un frío bloque de piedra.

¿Cómo hubiera podido saber José que su propia tumba sería pronto
transformada por el poder de Dios? Cuando oyó el rumor del ángel en la
tumba, debe haber corrido a comprobarlo por sí mismo. ¿Habrá estruja-
do con los dedos la sábana, el lienzo con el que él mismo había envuelto a
Jesús? ¿Le preguntó a María Magdalena acerca de las palabras exactas del
ángel: «No se asusten [...] Ustedes buscan a Jesús el nazareno, el que fue
crucificado. ¡Ha resucitado! No está aquí. Miren el lugar donde lo pusieron»
(Marcos 16:6)?

Cada uno de nosotros puede recibir consuelo del hecho de que Jesús se
levantó de los muertos en la tumba de otro hombre. Es como si al Jesús muerto lo hubieran sepultado en nuestra propia tumba. Porque confiaba en su

Padre se sometió al terrible poder de la muerte. Y Dios, mediante un poder más grande, lo resucitó a la vida como el primogénito de la nueva creación.

Un día nosotros también conoceremos el helado frío de la muerte. Ese pensamiento nos aterra. Sin embargo, podemos recibir valor, como José seguro lo recibió, al saber que Jesús fue sepultado primero en nuestra tumba. Así como la muerte no pudo retenerlo en sus garras, tampoco podrá retenernos a nosotros. Como Jesús seremos resucitados a nueva vida. Y el ángel le dirá a los que están en la tumba: «¿Por qué buscan ustedes entre los muertos al que vive?».

*Padre, te pido que en la hora de mi muerte me consueles con la seguridad de que Jesús fue sepultado en mi tumba primero. De la misma forma como la muerte no tuvo poder para retenerlo, tampoco tendrá poder para retenerme a mí. Que en ese momento yo pueda proclamar como Pablo: «¿Dónde está, oh muerte, tu victoria? ¿Dónde está, oh muerte, tu aguijón?» (1 Corintios 15:55).*

# LA TÍA KATE Y LOS ÁNGELES

*Aun si voy por valles tenebrosos, no temo peligro alguno porque tú estás a mi lado; tu vara de pastor me reconforta.*

—SALMO 23:4

Wayne Herring es un pastor presbiteriano en la ciudad de Memphis, Tennessee, que sabe que los ángeles a veces aparecen cuando más los necesitamos.

«Mi tía, Kate Lewis, amó a Cristo toda su vida. Ella y mi tío no tenían hijos y mi tía me trataba como si fuera su propio hijo. El día que anuncié mis intenciones de entrar al ministerio, nadie en mi familia se alegró ante esa perspectiva, es decir, nadie excepto mi tía Kate. Su fe y su amor tuvieron un efecto tan tremendo que acabé poniéndole su nombre a una de mis hijas.

»Hace cinco años mi tía se estaba muriendo de una insuficiencia cardiaca. A los casi noventa años, su frágil cuerpo no podía resistir la enfermedad. Su lucha con la muerte fue prolongada y agonizante. Había estado respirando con dificultad y en estado semicomatoso durante varios días. Hubo un momento en que las enfermeras en realidad trataron de reavivarla al iniciar ciertas medidas extremas para prolongar su vida. Mi padre estaba al lado de la cama de mi tía cuando sucedió. De repente, tía Kate se sentó y miró a su alrededor a todos los que estaban en la habitación. Sus ojos eran penetrantes y su conversación clara, pero no estaba contenta. ¿Por qué razón me trajeron de vuelta?, increpó ella. Ha sido maravilloso. ¡He estado con los ángeles y no quería regresar! Estas fueron sus últimas palabras. Volvió a poner su cabeza sobre la almohada y unos días después, pasó a la eternidad».

Como Kate Lewis, todos nosotros un día haremos el viaje de esta vida a la próxima. Casi todos sentimos aprensiones acerca de nuestra muerte. ¿Cómo será estar al borde de lo que se llama la última frontera? ¿Cómo soportaremos el sufrimiento emocional y físico que la muerte siempre acarrea? Nos preguntamos si, después de todo, en realidad hay algo del otro lado.

¿Cerraremos nuestros ojos para no abrirlos nunca más? ¿Es la muerte un imponente hueco negro del que nunca saldremos?

La tía Kate no había querido regresar ni siquiera un rato, mucho menos por unos días. Sin embargo, quizás Dios permitió que regresara a causa de nosotros. Necesitamos tener tranquilidad respecto a la difícil transición de esta vida a la próxima. Cuántas veces preferimos el suelo duro de la tierra a las blancas nubes del cielo. Tal vez este mundo esté muy lejos de ser perfecto, pero por lo menos es un mundo que conocemos. Cuando llegue el momento de nuestro viaje hacia la eternidad, necesitamos tener la certeza de que nosotros y los que amamos no haremos el viaje solos. En el momento en que morimos, Dios enviará una escolta de ángeles para conducir nuestras almas al paraíso. Todo el que ama a Dios y pertenece a su Hijo un día estará ante su presencia, disfrutando para siempre de su compañía. ¿Quién sabe? Tal vez Kate Lewis esté de pie en la entrada, lista para saludarnos cuando lleguemos.

*Señor, reconozco que tengo miedo de morir. He visto el rostro de la muerte en hospitales y funerarias, y no es agradable. Por cuanto tu Espíritu vive en mí, sé que me darás una eternidad para pasarla contigo. Dame valor para hacer el viaje cuando llegue el momento. Entonces envía a tus ángeles para que me lleven con rapidez a tus amorosos brazos.*

# ¿NO PUEDES VER A
LOS ÁNGELES?

~≈~

*Resulta que murió el mendigo, y los ángeles se lo llevaron para que estuviera al lado de Abraham. También murió el rico, y lo sepultaron.*
—LUCAS 16:22

La prima de Joann Kruse sufría de leucemia cuando era niña. «No puedo recordar ningún espacio de tiempo durante el cual Catherine no estuviera enferma. Siempre sentía mucha compasión por ella. Nunca podía jugar y divertirse como los demás niños.

»Mi tío Ray y la tía Dolores habían crecido en hogares cristianos, pero se habían apartado de la fe hacía muchos años. Parecía que estaban muy amargados al respecto y no querían tener nada que ver con la iglesia. Estaban alejados hasta del resto de la familia. Cuando Catherine se enfermó, les resultó muy difícil soportarlo.

»La pobre Catherine tenía miedo de morir y mis tíos no sabían qué decirle para consolarla. Por fin, un amigo de la familia comenzó a hablarle acerca de Dios y de sus ángeles. Le dijo a Catherine que Dios la amaba mucho, tanto que había provisto ángeles para que velaran por ella. Que cuando le llegara el momento de hacer el viaje al cielo, los ángeles estarían allí para cuidarla.

»Recuerdo cuando Catherine cumplió diez años. Fue el principio del fin. Se puso tan débil que ya no podía ni siquiera sentarse en la cama. Una tarde, mientras mis tíos vigilaban junto a su lecho, de repente se sentó erguida.

—¿No pueden ver a los ángeles? —dijo con entusiasmo mientras señalaba—. ¡Ellos están a nuestro alrededor!

»Cuando el tío Ray le preguntó qué estaban haciendo los ángeles, ella le dijo que se estaban riendo y que uno de ellos estaba extendiendo sus brazos y preguntándole si le gustaría ir con ellos.

—¿Te gustaría ir? —le preguntó mi tío.

—Si a mamá y a ti les parece bien —contestó.

»Debe haberles roto el corazón, pero ambos padres asintieron y Catherine extendió sus bracitos hacia las manos invisibles. Al instante siguiente, ya había partido.

»El tío Ray y la tía Dolores nunca fueron los mismos después de esto. La visión de Catherine y la paz y el gozo que acompañaron su muerte señaló el comienzo del regreso de ellos a la fe y a su reconciliación con el resto de nuestra familia. En realidad, el tío Ray es el que me contó la historia de la muerte de Catherine. Ambos ya pasaron a la eternidad. No puedo dejar de pensar en lo felices que deben haber estado de poder abrazarse otra vez, rodeados de los ángeles que los cuidaron tan bien aquí en la tierra».

*Padre, tú eres el autor de la vida. Tú das la vida y la quitas. Gracias por crearnos, por formarnos en el vientre de nuestra madre. En realidad tú nos creaste de una manera maravillosa y formidable. Aun antes de nacer, tú ya sabes la historia de nuestra vida. Tú has contado nuestros días aun antes de que existan. Vela por nosotros, Señor, y vela por nuestros hijos. Cuando llegue el momento, llévanos al hogar celestial sobre las alas de los ángeles.*

# ¿A FAVOR DE LOS ÁNGELES?

*La gente gritaba: «¡Voz de un dios, no de hombre!» Al instante un ángel del Señor lo hirió, porque no le había dado la gloria a Dios; y Herodes murió comido de gusanos.*

—HECHOS 12:22-23

Hasta ahora hemos contado historias consoladoras acerca de los ánge-les y cómo nos ayudan en el momento de la muerte. Sin embargo, es importante darnos cuenta de que los ángeles buenos no son siempre luz y dulzura para todos los que se encuentran con ellos.

En este caso, el hecho es que un ángel causó la muerte de un hombre que había estado oponiéndose a Dios durante muchos años. El rey Herodes Agripa había matado a Jacobo el hermano de Juan. También había arrestado a Pedro, pero como sabemos, un ángel vino y lo libertó antes que Herodes pudiera hacerle el mal que pretendía.

Como Herodes el Grande y Herodes Antipas antes que él, Herodes Agri-pa hizo todo lo que pudo para oponerse a la expansión del evangelio para poder consolidar su propio poder. De lo que Herodes no se dio cuenta es de que se estaba oponiendo a algo más que a simple carne y hueso. Él había adoptado una postura en extremo peligrosa en oposición a los ángeles. El fin de este hombre desdichado llegó cuando le permitió al pueblo que lo adorara como Dios. Imagínense su terror cuando una enfermedad horrible y repulsi-va devoró su cuerpo.

Las Escrituras nos muestran a los ángeles administrando el juicio de Dios casi con tanta frecuencia como llevan sus mensajes. Aunque nos gusta-ría mucho, nosotros no podemos controlar a los ángeles de ninguna manera así como tampoco podemos controlar a Dios. Ellos son amorosos con los que aman a Dios y aterradores con los que se le oponen.

Como pueblo de Dios podemos regocijarnos de todas las obras que los ángeles ejecutan. ¿Qué clase de Dios permitiría que el mal permaneciera sin oposición para siempre? Los creyentes en Jerusalén deben haber estado contentos de que su enemigo ya no podía hacerles daño. Las mujeres y los hombres perversos que se nieguen a arrepentirse tienen que enfrentar las consecuencias de sus hechos.

Sin embargo, también debemos darnos cuenta de que Dios es el único que puede pronunciar juicio. Hasta que él lo haga, nuestra tarea es continuar orando por nuestros enemigos. Si lo hacemos, estaremos seguros de que estamos a favor de los ángeles.

*Padre, tú nos recuerdas que la venganza pertenece solo a ti. Te doy gracias porque eres justo y no permitirás que el mal quede sin castigo. Señor, oro por los que son cautivos de la maldad, por los que matan y maltratan y viven solo para sí mismos. Ayúdalos a arrepentirse para que puedan conocer tu misericordia en vez de tu ira.*

# 11

# LOS ÁNGELES Y EL FIN DEL MUNDO

*Fíjense bien en el misterio que les voy a revelar: No todos moriremos, pero todos seremos transformados, en un instante, en un abrir y cerrar de ojos, al toque final de la trompeta. Pues sonará la trompeta y los muertos resucitarán con un cuerpo incorruptible, y nosotros seremos transformados.*

—1 CORINTIOS 15:51-52

El mundo tuvo un comienzo y ciertamente tendrá un final. De repente, como un «ladrón en la noche», llegará el último día. La Biblia predice el fin del mundo pintando muchas escenas aterradoras llenas de terremotos, guerras, hambres, estrellas que caen, pestilencia, bestias satánicas, humo del infierno y hasta la gran ramera de Babilonia. Como quiera que lo interpretes, no es un cuadro hermoso.

A pesar de la advertencia clara de Jesús de que nadie excepto el Padre sabe con exactitud cuándo terminará el mundo, muchas personas persisten en tratar de predecir cuándo y cómo ocurrirá. En el otro extremo están los que ignoran las Escrituras y actúan como si el mundo tal como lo conocemos fuera a continuar para siempre. La persona sabia no abrazará ninguno de los extremos. Más bien cada uno de nosotros debe atender el consejo de Jesús de vivir listos para el fin, de luchar por la gracia de Dios para ser fieles amantes de Dios cada día de nuestra vida.

Muchas de las escenas relacionadas con el fin del mundo se originan en el libro de Apocalipsis, una porción compleja y controversial de las Escrituras. ¿Se dirige principalmente a la situación de la iglesia primitiva o está en realidad hablando acerca del fin de los tiempos? ¿Cuál es el significado de la bestia y de la gran ramera de Babilonia? ¿Establecerá Cristo un reino literal de mil años? Para complicar el asunto, el texto a menudo tiene significados múltiples. Ciertas porciones de Apocalipsis en realidad pueden aplicarse tanto a la iglesia primitiva como al fin de los tiempos. No podemos saber con certeza absoluta. Sin embargo, hay una cosa que con seguridad es evidente: un día cada uno de nosotros va a ser parte del juicio final, cuando estemos frente a Dios, quien con una palabra pronunciará la verdadera condición de nuestras almas. ¿Seguimos al Cordero o juramos lealtad al príncipe de este mundo?

Ojalá que estemos listos cuando llegue ese momento. Si lo estamos, será un día de regocijo en vez de un día de terror. Por fin estaremos junto con los querubines y los serafines, con Miguel y con Gabriel, con todos los santos y con el Salvador, quien es el Rey de reyes y Señor de señores.

# CUATRO ÁNGELES Y CUATRO DEMONIOS

~~

*Después de esto vi a cuatro ángeles en los cuatro ángulos de la tierra. Estaban allí de pie, deteniendo los cuatro vientos para que éstos no se desataran sobre la tierra, el mar y los árboles. Vi también a otro ángel que venía del oriente con el sello del Dios vivo. Gritó con voz potente a los cuatro ángeles a quienes se les había permitido hacer daño a la tierra y al mar: «¡No hagan daño ni a la tierra, ni al mar ni a los árboles, hasta que hayamos puesto un sello en la frente de los siervos de nuestro Dios!».*

—APOCALIPSIS 7:1-3

Muchos hechos increíbles han desfilado por el escenario del mundo en años recientes, desde la caída del comunismo hasta la promesa de paz en el Oriente Medio, incluso disturbios y terremotos en Los Ángeles e inundaciones devastadoras en el medio oeste americano. Desde nuestras propias casas observamos cómo se desarrollan momento tras momento mediante ese milagro moderno que llamamos televisión. Tan convincente es la información y tan devastadores los hechos, que me pregunto si algún día estaremos mirando el fin del mundo en uno de los canales de televisión.

La visión de Juan debe haber sido más vivida que nada de lo que nuestras pantallas de alta definición pueden producir: ¡cuatro ángeles en pie sobre los cuatro ángulos de la tierra! Estos seres poderosos estaban deteniendo «los cuatro vientos» de la tierra hasta que los siervos de Dios recibieran un sello para protegerlos de la inminente devastación. A pesar de lo aterradoras e inexplicables que son esas escenas del libro de Apocalipsis, podemos recibir consuelo en el hecho de que los que pertenecen a Dios serán protegidos del mal en ese día terrible.

¿Pero de qué exactamente seremos protegidos? Algunos cristianos creen que antes de que empiecen las calamidades serán arrebatados al cielo. Otros creen que la protección prometida por Dios tiene que ver más con la seguridad espiritual. Los que aman a Dios y viven de acuerdo con su Palabra recibirán gracia para soportar las circunstancias más devastadoras y permanecerán fieles a Cristo. Recibirán un sello contra los poderes demoníacos, simbolizados por los cuatro vientos, que tratarán de destruir su relación con Dios. Esto tiene sentido para mí. Dios no siempre nos protege del sufrimiento físico o emocional, pero sí preserva las almas de los que le pertenecen.

Considera el caso de Piedmont, Alabama. En abril de 1994 era solo otro pueblecito sureño donde la fe florecía. Rick Bragg del New York Times lo describe así: «Este es un lugar donde las abuelas cargan a los bebes en sus regazos bajo las estrellas y susurran en sus oídos que las luces en el firmamento son huecos en el piso del cielo. Este es un lugar donde Cristo me ama ha sido la canción de cuna durante generaciones, y donde el cielo no es un concepto sino un lugar.

»Sin embargo, en este pueblo donde muchas cosas, hasta las tormentas, se consideran como la voluntad de Dios, padres e hijos fuertes en su fe han muerto nada menos que en una iglesia». El Domingo de ramos un tornado destruyó con violencia la Iglesia Metodista Unida de Goshen matando a veinte personas, seis de ellas niños. La hija del pastor de cuatro años, Hannah, estaba entre los que perdieron la vida.

¿Por qué permite Dios que suceda una cosa semejante a personas que lo aman y se han reunido para adorarlo? Tal vez nunca sepamos la respuesta. Sin embargo, esto es lo que el pueblo de Piedmont dijo:

Vera Stewart de setenta años, alcaldesa de Piedmont: «No importa lo oscuro que esté, si tengo fe, tengo una canción en la noche».

El pastor de la iglesia: «Que la fe reciba una sacudida no es lo mismo que perderla».

Sam Goss, de una estación de gasolina: «Es difícil no dudar de Dios en esto. Pero dicen que no hay lágrimas en el cielo. Nosotros somos los que sufrimos. Usted sabe, Dios se los llevó a ellos porque estaban listos para irse. Él nos está dando al resto de nosotros una segunda oportunidad».

Es claro que Dios no ampara a sus hijos del sufrimiento, pero ampara sus almas. No sabemos si estaremos vivos cuando llegue el fin del mundo. Pero una cosa es segura. El mundo terminará de pronto para cada uno de nosotros cuando muramos. Antes de ese momento tal vez tengamos que soportar muchos acontecimientos devastadores y estremecedores. Sin embargo, si nos aferramos al Dios viviente, él pondrá un sello indeleble sobre nuestras frentes, preservando nuestras almas para que podamos pasar la eternidad amándolo y siendo amados par él.

*Padre, este mundo en el que vivo parece más caótico cada año. Sin embargo, no sé si estos son los últimos días. Tú eres el único que conoce el día y la hora. Pero yo tengo la certeza de que este mundo va a terminar para mí un día. Guarda mi alma de todo daño y llévame a tu reino. Permíteme vivir en el sacramento del momento presente y pasar cada hora de cada día como si fuera mi último.*

# El segundo mejor
# regalo de Dios

~~~

*Los siete ángeles que tenían las siete trompetas se dispusieron a tocar-*
*las. Tocó el primero su trompeta, y fueron arrojados sobre la tierra gra-*
*nizo y fuego mezclados con sangre...*

—Apocalipsis 8:6-7

Las imágenes vívidas del libro de Apocalipsis nos fascinan y nos asustan. Parecen estar muy lejos de las notas jubilosas en la ejecución de Louie Armstrong de *Cuando los santos marchen ya*. ¡Siete ángeles, siete trompetas, granizo, fuego y sangre! No importa lo que estuviera sucediendo, puedes estar seguro de que los siete ángeles no se habían reunido con sus trompetas para una sesión celestial de improvisación musical.

En el mundo antiguo, los judíos tocaban una trompeta para llamar a una asamblea o para iniciar una batalla. En esta escena celestial, los ángeles son los trompetistas. Cada vez que las tocan sucede algo terrible.

¿Qué interés tienen los ángeles de Dios en aterrorizarnos? A través de Apocalipsis, vemos un despliegue pintoresco de seres angelicales que se mueven con rapidez por todo el universo ejecutando las órdenes de Dios. Las Escrituras establecen con claridad que son servidores de Dios cuyas acciones expresan su ira sobre un mundo arrogante e incrédulo. ¿Pero cómo puede un Dios de amor estar lleno de ira?

Cuando la Biblia habla de la «ira de Dios» no quiere decir que Dios está teniendo una especie de rabieta celestial. Él nunca pierde los estribos como tú y yo. Más bien, «la ira de Dios» es una expresión que transmite las consecuencias de lo que sucede cada vez que escogemos alejarnos de Dios. El erudito bíblico George Montague lo dice de este modo: «Uno no puede alejarse de la luz sin experimentar la oscuridad, ni del amor sin experimentar amargura, ni de la vida sin experimentar la muerte [...] La ira de Dios no es rencor.

Es el segundo mejor regalo para quien ha rechazado el regalo de su amor; también se da para traer a la humanidad al arrepentimiento».

Cuando el mundo se vuelve ciego y sordo para con Dios, él recurre a medidas drásticas. Para captar nuestra atención, los ángeles emiten las notas estridentes de la trompeta. A través de ellas, Dios manifiesta lo que un autor llama su «misericordia severa».

A menudo Dios toca la trompeta en nuestra vida para salvarnos y llevarnos otra vez a él. Hace esto cuando nos permite experimentar los frutos amargos de nuestras malas decisiones. El joven y exitoso hombre de negocios que recibe la noticia de que tiene el SIDA. El alcohólico que pierde su trabajo y el respeto de sí mismo. El predicador farisaico que es descubierto en adulterio y recibe la burla pública por su hipocresía.

Dios no se deleita en la maldad. No obstante, a veces la permite con la esperanza de que nos humille y nos haga volver a nuestros sentidos. Eso es lo que hacen estos trompetistas angelicales: tocar las notas prolongadas de la misericordia de Dios para que los seres humanos admitan su tremenda necesidad de Dios y se reconcilien con él.

*Padre, ayúdame a ver lo espantoso que es el pecado. Perdóname por tolerarlo y tomarlo a la ligera en mi vida. Yo lo detesto tanto como tú. No permitas nunca que la fascinación del mal me cautive, sino en cambio, purifica mi corazón. Por favor, obra en el corazón de los hombres y las mujeres que están bajo la seducción del mal. Abre sus ojos al peligro. Muéstrales tu misericordia, aun cuando parezca severa.*

# ÁNGELES EN EL FIN

*El Hijo del hombre enviará a sus ángeles, y arrancarán de su reino a todos los que pecan y hacen pecar. Los arrojarán al horno encendido, donde habrá llanto y rechinar de dientes. Entonces los justos brillarán en el reino de su Padre como el sol. El que tenga oídos, que oiga.*

—MATEO 13:41-43

Jesús mismo nos advierte que habrá un castigo severo en el juicio final. Sus ángeles separarán a los buenos de los malos, echando a los últimos en un horno de fuego.

Hablar del infierno ya no es muy popular en muchos círculos. La advertencia de Jesús resulta desagradable a los oídos modernos. Preferimos creer que el infierno que nosotros creamos en la tierra un día desaparecerá en un cielo del que no se va a excluir a nadie. Sin embargo, Jesús habló acerca de la realidad del infierno, no para introducirnos al reino por medio del temor, como tratamos nosotros de hacer unos con otros. Él sabía que el cielo no sería cielo, si estuviera habitado por hombres y mujeres perversos. Nos habló del infierno porque no quería que estuviéramos separados de su amor para siempre. Así como sería cobardía no darse por enterado cuando un amigo embriagado se sienta tras el volante de un vehículo, es cobardía negar que las decisiones de alguien lo puedan conducir directo al infierno.

Las palabras de Jesús nos recuerdan la parábola que contó acerca del trigo y la cizaña. Un enemigo sembró cizaña en el mismo terreno que el agricultor había sembrado trigo. El agricultor decidió dejar crecer el trigo junto con la cizaña. En el tiempo de la siega arrancaría la cizaña y la echaría en el fuego.

La parábola es acerca del mundo en que vivimos y de lo que sucederá en el juicio final, cuando los seres humanos tendrán que dar cuenta de cómo vivieron. Aun así, la imagen de la cizaña y el trigo a menudo me ha impresionado como un cuadro vívido de mi propio corazón dividido. En un momento soy paciente, considerada y comprensiva, y al instante me vuelvo irritable, insensible y despiadada. ¿Cómo puede un corazón contener tanta oscuridad y tanta luz a la vez? Para repetir lo que dijo el apóstol Pablo: «No entiendo lo que me pasa, pues no hago lo que quiero, sino lo que aborrezco» (Romanos 7:15).

Esta es una admisión perturbadora, pero debemos explorarla con honestidad. Cuanto más conocemos la misericordia de Dios, tanto mayor es nuestro valor para enfrentar la verdadera condición de nuestro propio corazón. Podemos hacer esto porque el Espíritu de Dios vive en realidad dentro de nosotros. Esto no es solo una linda metáfora para que nos sintamos bien. Al rendirnos al Espíritu recibiremos la gracia para abandonar nuestros pecados y encontraremos que nuestros corazones producirán el verdadero trigo de su bondad. Ya no estaremos divididos y confundidos, incapaces de hacer las cosas buenas que intentamos. Entonces, cuando llegue el fin del mundo un ángel nos tomará de la mano y nos conducirá gentilmente a la compañía de los justos y ante la presencia resplandeciente de Aquel que nos ama y nos llama suyos.

*Padre, tú sabes cuán a menudo obro con motivos encontrados. Halago a las personas porque quiero salirme con la mía. Soy agradable porque prefiero hacer cualquier cosa antes que enfrentar un conflicto. Voy un poco más allá porque quiero que todo el mundo diga lo buena que soy. Señor, muéstrame la verdadera condición de mi corazón. Si tú no me la muestras, no la veré. Si no me das gracia para conocer tu amor en medio del pecado, la verdad me aplastará. Una vez que me la muestres, sana mi corazón y hazlo de nuevo.*

# LOS ÁNGELES Y LA
# SEGUNDA VENIDA

~

*Cuando el Hijo del hombre venga en su gloria, con todos sus ángeles,*
*se sentará en su trono glorioso. Todas las naciones se reunirán delan-*
*te de él...*

—MATEO 25:31-32

En el fin del mundo, las catástrofes sucederán una tras otra pisándose los talones. Justo cuando uno piense que las inundaciones, incendios y derrumbes han arrasado con todas las propiedades inmuebles, otro nuevo desastre ocurrirá. Pero las Escrituras nos aseguran que estos acontecimientos aterradores representan apenas el fin de un mundo y el comienzo de otro. Es como si un contratista celestial estuviera destruyendo cuadra tras cuadra de viviendas feas antes de levantar las nuevas estructuras de la eternidad en la tierra recién desalojada. Para usar una metáfora bíblica, el fin del mundo será apenas los dolores de parto de la nueva creación.

En el centro del drama está Cristo, el Mesías esperado, quien en esta ocasión regresará a reclamar su trono. Ya no se disputará su dominio, ni se profanará su nombre, ni se pasarán por alto sus caminos. Cada ser humano, desde presidentes hasta prostitutas, lo reconocerán con gozo o con terror. Las naciones temblarán ante su presencia y ante la presencia de sus ángeles.

En este pasaje del Evangelio de Mateo, Jesús nos dice cómo vivir de una manera que nos preparará para la dramática conclusión de la historia. «Entonces dirá el Rey a los que estén a su derecha: "Vengan ustedes, a quienes mi Padre ha bendecido; reciban su herencia, el reino preparado para ustedes desde la creación del mundo. Porque tuve hambre, y ustedes me dieron de comer; tuve sed, y me dieron de beber; fui forastero, y me dieron alojamiento"» (Mateo 25:34-35).

Él hace que sea muy sencillo para nosotros: si lo amamos y pertenecemos a él, cuidaremos a los enfermos, visitaremos a los presos, vestiremos a los desnudos. En el fin del mundo, Cristo pondrá fin al egoísmo, a la vanidad, al orgullo, la ira, el engaño, la amargura y la codicia.

En este momento nos ofrece el poder para poner fin a esas cosas en nuestra propia vida, para vencer el pecado en nuestra alma. Al hacerlo, un día nos emocionaremos con la noticia de su venida y con la más grande invitación de todos los tiempos: «Vengan, benditos de mi Padre. Bienvenidos al reino celestial y a la herencia que les pertenece».

*Señor, ayúdame a darme cuenta de que el mundo tal como lo conozco no durará para siempre. Mientras espero el día de tu venida, establece en toda plenitud tu reino en mi corazón. Ayúdame a ser amiga del solitario, a amar a las personas que encuentro desagradables, a estar dispuesta a «perder» tiempo con los que más me necesitan. Toma lo poco que tengo, Señor, y multiplícalo para tus propósitos.*

## 12

# CON LOS ÁNGELES DE NUESTRA PARTE

~∞~

*Le dije al hombre que estaba de pie a la entrada del año: «Dame una luz para que pueda pisar lo desconocido con seguridad». Y me respondió: «Entra en la oscuridad y pon tu mano en la mano de Dios. Será para ti mejor que la luz y más seguro que un camino conocido».*

Minnie Louise Haskins

Los ángeles han desempeñado un papel en nuestro pasado y en nuestro presente, y por cierto van a desempeñar un papel importante en nuestro futuro. No sabemos los desafíos que enfrentaremos mañana por la mañana, mucho menos el próximo año o el siguiente. Pero Dios sí lo sabe y puede poner en marcha a los ángeles a favor de nosotros.

Quizá vengan con una palabra de aliento, con una exhortación al arrepentimiento, o con un llamado que solo nosotros podemos cumplir. Tal vez traigan respuestas a nuestras oraciones desde el mismo trono de Dios. Tal vez se nos aparezcan en sueños. Pase lo que pase, sabemos que si amamos a Cristo tendremos a los ángeles de nuestra parte.

¿Cómo podemos extraviarnos si los ángeles nos están apoyando? Trata de recordar esto la próxima vez que enfrentes cualquier clase de desastre inminente, la próxima vez que tomes una decisión importante, o la próxima vez que ores por la intervención de Dios. Tal vez aún suframos muchas humillaciones en esta vida, pero la verdad es que estamos destinados a una vida de eterno gozo.

Mientras tanto, los ángeles son parte de la provisión de Dios para ayudarnos a través de las acechanzas de este mundo. Como le sirven a él, pueden guardar nuestras almas intactas y nuestro futuro seguro. En este momento tienen más que suficiente trabajo, pero un día, cuando al fin estemos seguros en nuestro hogar celestial, los ángeles darán un suspiro de alivio, y se tomarán unas bien merecidas vacaciones, sabiendo que pueden pasar el resto de la eternidad saboreando el recuerdo de un trabajo bien hecho.

# El oír en secreto
# a los ángeles

~

*Luego miré, y oí la voz de muchos ángeles...*

—APOCALIPSIS 5:11

Kathy Deering nunca ha visto un ángel, pero está muy segura que una noche escuchó a dos ángeles conversando. «Yo sentía que debía hablar con una amiga acerca de una inquietud relacionada con su vida, pero temía abordar el asunto. ¿Debo decirle algo? ¿Debo quedarme callada? Quizás fuera una entrometida, pero si yo no le hablaba, ¿quién lo haría? Le daba vueltas a esto en mi mente. Cuanto más oraba, tanto mayor era mi convicción de que debía llenarme de valor para decirle a mi amiga lo que me preocupaba, de manera que hicimos una cita para reunirnos.

»Esa noche me despertó un ruido. Escuché con los ojos cerrados. (No me molesté en abrirlos, porque de todas maneras no veo absolutamente nada sin mis gafas). Escuché dos voces suaves en el rincón de mi dormitorio. Una decía: "¿De verdad que ella lo va a hacer?". "¡Sí!", contestó la otra voz.

»De alguna manera supe que la conversación que estaba oyendo tenía que ver con mi decisión de hablarle a mi amiga. Me quedé dormida otra vez y me desperté con la convicción y el valor que necesitaba para ser honesta con ella. Resultó que mi amiga apreció mucho mi franqueza y todo salió a las mil maravillas. Más adelante me dijo que su vida había cambiado como resultado de nuestra conversación.

»Estoy convencida de que las voces que escuché pertenecían a ángeles. Quizás mi ángel de la guarda estaba conversando con el de ella. En realidad no lo sé. Sin embargo, lo que sé es que sus palabras me dieron el valor, el último impulso que necesitaba para que fuera capaz de hacer lo que Dios quería».

La historia de Kathy nos asegura que los ángeles toman parte en nuestra vida. Ellos se interesan en las decisiones que tomamos y están cerca para ayudarnos. Quizás estemos inseguros acerca de una dirección que debemos seguir, una decisión que debemos tomar, o una conversación difícil que debemos iniciar. Si entregamos estas cosas en oración, podemos tener confianza de que Dios nos ayudará a discernir el curso de acción correcto. Tal vez él nos dé un sentimiento creciente de que una alternativa es mejor que la otra. Tal vez aumente nuestro valor para correr riesgos. Es posible que nos presente varias buenas posibilidades entre las cuales tenemos la libertad de escoger. Podemos tropezar un poco a lo largo del camino, pero con los ángeles a favor de nosotros, no tenemos que preocuparnos acerca de errores fatales.

*Padre, a veces quisiera poder oírte con más claridad. No siempre estoy segura de qué hacer. Con todo, tú sabes que en realidad quiero vivir mi vida de una manera que te agrade y te deleite. Afina mi oído, Señor, para que no tengas que gritar para captar mi atención. Permíteme escuchar la voz suave que me habla de tu amor y de tu voluntad.*

# Pon una sonrisa en el rostro de tu ángel

~

*Les digo que así mismo se alegra Dios con sus ángeles por un pecador que se arrepiente.*

—Lucas 15:10

Los ángeles se alegran cada vez que hombres y mujeres comienzan a hacerle frente a la verdad acerca de sí mismos. Ellos saben que desde Adán y Eva hemos estado jugando al escondite con Dios y unos con otros, temerosos de enfrentar la oscuridad de nuestros propios corazones y poco dispuestos a admitir que necesitamos el perdón de Dios. Por cuanto los ángeles nos aman, quieren vernos reconciliados con Dios, quien es la fuente de todo gozo. Sin embargo, saben que esto es imposible hasta que seamos honestos respecto a nuestra verdadera condición.

Esta honestidad es poco frecuente y dolorosa, y se demuestra muy poco en nuestro mundo. Las noticias diarias nos obsequian con un desfile de víctimas y victimarios: un partido político acusa al otro, crímenes horrorosos se racionalizan porque los perpetradores a su vez fueron víctimas, se hace burla de las rivalidades entre figuras públicas en las miniseries de televisión. Rodeados por una cultura en la que «nadie tiene la culpa», nos resulta difícil enfrentar el mal que infligimos a otros. En secreto, tal vez nos despreciemos por nuestras faltas y fracasos, pero mostramos un rostro desafiante ante el mundo.

Por fortuna, Dios no se deja engañar por nuestras artimañas. En cambio, nos apremia, esperando que nos volvamos a él y le digamos que estamos cansados de pretender, que estamos hartos, que parece que no podemos llegar a ser la clase de personas que queremos ser. Eso es lo que significa el arrepentimiento: volverse a Dios y alejarse del pecado. Cuando nos volvamos a

Dios, lo hallaremos mucho más atractivo que el malvado magnetismo del pecado. Cuando nos humillemos, él se acercará a nosotros.

Es cierto que nosotros pecamos, y que también otros pecan contra nosotros. Como tal, somos víctimas de la maldad de otros. Aun así, somos responsables de nuestras propias reacciones pecaminosas hacia los que nos hacen daño. Sin embargo, podemos escoger perpetuar el poder deformador del pecado reaccionando del mismo modo, o podemos romper el ciclo mediante el perdón. Nuestra felicidad futura depende de la decisión que tomamos.

Después de todo, Dios nos trata con tremenda dignidad. No nos rebajará confirmando la mentira de que somos incapaces de cambiar. No nos degradará despojándonos de la responsabilidad personal. Pero es cierto que si insistimos, él permitirá que continuemos pretendiendo que en realidad no somos tan malos y que podemos dirigir nuestra vida bastante bien sin su ayuda.

Si queremos poner una sonrisa en el rostro de un ángel, dejaremos de esconder la verdad acerca de nosotros. Comenzaremos a darnos cuenta de que Dios ya sabe lo peor de nosotros y nos ama de todas maneras. Nos daremos cuenta de que los ángeles mismos se regocijan de un pecador que se arrepiente.

*Padre, aun el remordimiento es tu regalo. Ayúdame a admitir la enfermedad espiritual con la que lucho, y entonces dame una tristeza profunda en el alma por mi pecado. Que sea la clase de tristeza que me haga correr hacia ti en busca de sanidad, más bien que la clase que me hace huir de ti con temor. Que mi arrepentimiento sea un catalizador para la sanidad; una promesa de un futuro lleno de tu misericordia y bondad.*

# Un ala y una oración

❧

*Y [Gabriel] me hizo la siguiente aclaración: «Daniel, he venido en este momento para que entiendas todo con claridad. Tan pronto como empezaste a orar, Dios contestó tu oración. He venido a decírtelo porque tú eres muy apreciado. Presta, pues, atención a mis palabras, para que entiendas la visión».*

—DANIEL 9:22-23

El pueblo judío había ignorado las repetidas advertencias de que tendría que abandonar su pecado o enfrentar las consecuencias. Obstinado en su menosprecio a Dios, este pueblo testarudo fue conquistado por una de las naciones más poderosas del mundo antiguo: la temida Babilonia. Como resultado, Daniel y muchos otros como él fueron llevados cautivos, desterrados de su amada Jerusalén.

Sin embargo, Daniel nunca se resintió ni se quejó de su situación, insistiendo en que el castigo era injusto. En cambio, se arrodilló ante Dios y le suplicó que tuviera misericordia de su pueblo. Aunque Daniel no había pecado, se identificó con los que lo habían hecho, humillándose y arrepintiéndose por los pecados de ellos. Es evidente que Dios no podía resistir las oraciones de un hombre así. El ángel Gabriel en realidad le dijo a Daniel que del cielo salió una palabra debido a su oración. Y cada vez que Dios dice una palabra, empiezan a suceder cosas. Aunque parezca increíble, lo que aprendemos de esta historia es que nuestras oraciones pueden en realidad movilizar el cielo. A veces hasta tienen el poder de despachar ángeles con un mensaje de sabiduría.

Hoy casi todo el mundo está sumido en la ceguera espiritual, obstinado en su menosprecio por Dios. Y todos nosotros, creyentes e incrédulos, estamos sufriendo las consecuencias de vivir en desobediencia. Las noticias locales de cualquier gran ciudad presentan relatos que nos horrorizan y deprimen. Asesinatos, maltratos de niños, pandillas violentas, violaciones. Ese es el menú diario con el que nos despertamos cada mañana. Nuestras familias se ven destrozadas por divorcios. Nuestros hijos parece que no pueden encontrar su camino. Sentimos una sensación consumidora de tensión y ansiedad cuando intentamos dirigir la vida en estos términos. La verdad es que nuestra cultura está muriendo por sus pecados, por su arrogancia, por negarse a admitir la necesidad de la misericordia de Dios.

Como cristianos, tal vez sintamos que es injusto que nos toque vivir en esta clase de mundo. Después de todo, tal vez no seamos perfectos, pero por lo menos estamos tratando de vivir de una manera que honre a Dios. Sin embargo, quejarnos solo desperdicia el tiempo de Dios y el nuestro. Estamos en medio de este enredo por una razón: para irradiar la luz que hay en nosotros, una luz que es mucho más fuerte que la oscuridad que amenaza. Como Daniel, arrodillémonos, reconozcamos nuestros pecados, supliquemos a Dios que tenga misericordia de nosotros e identifiquémonos con los testarudos a nuestro alrededor. Mientras lo hacemos, tal vez hasta encontremos unos cuantos defectos propios que resolver.

Dios no puede resistir las oraciones de un pueblo humilde. Si nos volvemos a él y suplicamos su misericordia, tal vez hasta nos envíe una palabra poderosa que nos guiará en una nueva dirección y detendrá la decadencia cultural que hemos estado experimentando durante tantos años. Las oraciones de Daniel pusieron en marcha a Gabriel. Quizás los ángeles estén vigilantes, listos para traernos una palabra en respuesta a nuestras oraciones, una palabra que impartirá una visión más profunda y nos llenará de una esperanza más vívida e inconmovible para el futuro.

*Oh Dios, tú has sido paciente con nosotros aunque nos hemos alejado de tu luz y descendido a la oscuridad. No soy tan necia como para venir a ti en nombre de mi integridad. En cambio, vengo a ti por tu gran misericordia. ¡Oh Señor, oye, oh Señor, perdona, oh Señor, escucha y ten misericordia de nosotros!*

# CUANDO UN ÁNGEL TE
# LLAMA POR TU NOMBRE

~

*Cuando el ángel del Señor se le apareció a Gedeón, le dijo: «¡El Señor está contigo, guerrero valiente!» [...] « Pero, Señor —objetó Gedeón—, ¿cómo voy a salvar a Israel? Mi clan es el más débil de la tribu de Manasés, y yo soy el más insignificante de mi familia».*

—Jueces 6:12, 15

Gedeón era un agricultor que no tenía mucho éxito. Cada vez que él o cualquier otro israelita sembraban una cosecha, sus enemigos los madianitas se abalanzaban sobre ella y la destruían. Él no era un tipo guapo y sin embargo, el ángel lo llamó guerrero valiente. Gedeón respondió como tú o yo hubiéramos hecho: «¿Quién, yo? ¡Debes estar bromeando!».

Sin embargo, el ángel continuó con su mensaje y comisionó a Gedeón para que salvara a Israel de sus enemigos. Gedeón todavía dudaba, así que le pidió a Dios una señal para confirmar su palabra y Dios se la dio. A pesar de todas las desventajas cumplió el llamado que Dios había puesto en su vida. En un momento dado, guió a trescientos hombres contra una horda de enemigos y los derrotó. El ángel sabía de lo que estaba hablando cuando llamó a Gedeón guerrero valiente.

Dios nos ha creado a cada uno con un propósito. Nuestro propósito principal es amar y ser amado por él. Pero también nos da una misión a cumplir durante nuestra vida. Quizás no seamos llamados a dirigir un ejército como Gedeón, pero nos puede pedir que nos aventuremos en una carrera en particular, que criemos una familia o que ejecutemos grandes cosas por medio de la oración. Es inevitable que enfrentemos momentos en los cuales no nos sentimos capacitados para la tarea. No queremos enfrentarnos una vez más con un niño que grita, con un día más en un trabajo agitado, con una persona más que necesita nuestras oraciones.

Cuando eso sucede, valdría la pena recordar a Gedeón y al ángel que lo llamó por su nombre. Gedeón sabía que él no tenía ninguna de las credenciales necesarias para salvar a Israel. Tal vez por eso el ángel lo llamara por su nombre. Dios no quería que nadie se confundiera en cuanto a quién merecía el mérito de salvar a Israel. Un hombre más fuerte que Gedeón quizás hubiera demandado la gloria para sí mismo. En un momento, Gedeón había reunido treinta y dos mil hombres para pelear contra los madianitas. Pero Dios le dijo: «Tienes demasiada gente para que yo entregue a Madián en sus manos. A fin de que Israel no vaya a jactarse contra mí y diga que su propia fortaleza lo ha librado». Así que Dios los redujo a unos trescientos hombres, ¡menos del uno por ciento del ejercito original! Gedeón tuvo éxito no por ser quien era, sino porque el Señor estaba con él.

Si sientes que no tienes las credenciales adecuadas para hacer lo que Dios te ha pedido, es probable que tengas razón. Pero si Dios te ha llamado por tu nombre, él estará contigo. Quizás hasta te mande un ángel para darte una visión de quién eres tú en realidad: un guerrero valiente determinado a hacer la voluntad de Dios, a correr grandes riesgos y a hacer los sacrificios necesarios en su servicio.

*Señor, tú sabes lo débil que soy. Te pido que hagas de mi debilidad materia prima para tu gracia. Tu poder se perfecciona en una debilidad como la mía. Gracias porque tú escoges lo necio de este mundo para confundir a lo sabio. Haz grandes cosas en mí y después, toma tú la gloria Señor.*

PARTE 2

# UN MILAGRO CADA DÍA

# UNAS PALABRAS ACERCA
## DE LOS MILAGROS

Imagínate por un momento que uno de tus hijos está en peligro. Va caminando con los ojos vendados hacia el borde de un precipicio. Unos pasos más y descenderá hacia su muerte. Tú te encuentras parado a unos cien metros de distancia. ¿Qué puedes hacer? Da la casualidad que tienes un megáfono en tu mano. Le gritas por el megáfono, implorándole que se detenga y vuelva atrás antes de que sea demasiado tarde.

Esta es una manera de entender por qué Dios hace milagros. A veces, ellos son sus megáfonos para los hijos que se han extraviado en territorio peligroso y para un mundo que se ha vuelto sordo a la voz divina. Sin embargo, a menudo también les ocurren milagros a las personas que viven cerca de Dios. Quizás sea suficiente decir que los milagros parecen ser una forma extraordinaria de comunicación divina. Ellos captan nuestra atención de maneras convincentes.

Las señales y maravillas, que son los términos bíblicos para milagros, siempre transmiten alguna clase de mensaje espiritual. Y como en cualquier conversación, el mensaje varía dependiendo de las circunstancias en las cuales se entrega. A veces un milagro revela el poder de Dios, a veces su misericordia o su bondad. Tales maravillas son siempre una señal de la intervención del reino divino, un depósito inicial de nuestro futuro con Dios.

Espero que los relatos que siguen, tanto de las Escrituras como de hombres y mujeres corrientes, sustenten tu fe en que Dios todavía está en control de este mundo caótico. Estoy convencida de que el mismo Dios que se encontró con Moisés en el desierto y le habló desde una zarza que ardía, anhela hablarnos hoy día y decirnos de su tierno amor, su poder y su deseo de librarnos del mal. Ya sea que estés parado al borde de un precipicio o sentado frente a un fuego acogedor, espero que estas historias te acerquen al único que puede ser tu refugio en toda clase de dificultad.

# 13

# CUANDO ORAS OCURREN MILAGROS

*La oración ensancha el corazón hasta que este es capaz de contener el don de Dios mismo. Pide y busca, y tu corazón crecerá lo suficiente para recibirlo a él y guardarlo como tuyo.*

MADRE TERESA DE CALCUTA

Cuando me he enfrentado con un dilema o con una tragedia personal demasiado grande para que cualquier ser humano la soporte, a veces he levantado las manos y he dicho: «Lo único que puedo hacer es orar». A través de los años he llegado a darme cuenta de lo absurda que es esa declaración. Es como si al sentirme frustrada con una alcancía que no puedo abrir dijera: «Bueno, lo único que puedo hacer es encender este cartucho de dinamita y esperar que algo suceda». Pudiéramos decir que la oración es un explosivo espiritual que tiene el poder de volver a configurar el mundo natural.

Eso no quiere decir que cada oración resultará en un milagro. A pesar de nuestros anhelos, un milagro puede ser lo último que se necesita. Pero sí quiere decir que nuestras peticiones las escucha la más alta autoridad del universo, el único que es lo bastante poderoso y sabio para contestar eficazmente nuestras oraciones.

Como todo lo demás, la oración necesita práctica. Aprender a orar es aprender por lo menos dos lecciones fundamentales: entrega y persistencia.

¿Qué significa entregarse cuando oramos? Muy a menudo oramos con ideas definidas en la mente. Pensamos que un problema se va a resolver solo si Dios hace esto o aquello y lo hace ahora mismo. Sin embargo, la ansiedad que traemos a la oración puede transformar con rapidez nuestra intercesión nada más que en un intento de darle órdenes a Dios. El primer paso, entonces, es pedir gracia para deshacernos de nuestro deseo de controlar tanto el método como el resultado. Cuando lo hagamos, hallaremos que nuestra ansiedad disminuye y una nueva paz nos domina, mientras el Espíritu transforma nuestra oración de acuerdo con la voluntad de Dios.

Además de entregarnos, necesitamos aprender a persistir. Uno de los enemigos más grandes de la oración es el desaliento. Nos desanimamos porque oramos y parece que no sucede nada. Y lo que es peor, la situación por la que estamos orando se deteriora. Jesús mismo habló de la necesidad de tener persistencia cuando animó a sus discípulos a seguir pidiéndole a Dios por sus necesidades. La persistencia es, en realidad, la levadura de la oración.

Puedes estar pensando ahora mismo en una oración urgente. Dedica tiempo para permanecer en silencio en la presencia de Dios. Pídele que trate con tu ansiedad y te muestre cómo orar de tal manera que puedas estar al lado de Jesús, quien está siempre intercediendo a la diestra del Padre.

# El milagro de la boda

Cuando el vino se acabó, la madre de Jesús le dijo: «Ya no tienen vino».
«Mujer, ¿eso qué tiene que ver conmigo? —respondió Jesús—. Todavía
no ha llegado mi hora». Su madre dijo a los sirvientes: «Hagan lo que
él les ordene».

—JUAN 2:3-5

Si alguna vez hubo alguien que siempre llegó a tiempo, ese fue Jesús. Nunca perdió una oportunidad. En armonía con la voluntad de su Padre emprendió su ministerio público solo cuando Dios le dio la orden y no antes. ¿Por qué entonces parece cambiar de opinión tan rápido? ¿Por qué hace un milagro que provoca murmuración en toda Galilea?

De algún modo debe haber sabido que la oración de María había cambiado las cosas poniendo de repente en marcha su ministerio público. La vida anónima de Jesús había llegado a su fin. Ahora la luz del mundo se revelaría para oponerse a la oscuridad.

Jesús no pierde tiempo y ordena a los criados que tomen seis tinajas de piedra, las que usaban los judíos para la purificación ceremonial, y que las llenen con agua. Después les dice que llamen al encargado del banquete para que saque agua y la pruebe. Tan pronto como la prueba, el hombre comenta que es el vino más exquisito que jamás ha probado y no puede imaginarse por qué la novia y el novio han dejado el mejor vino para el final.

Como de costumbre, el milagro es acerca de algo más que una simple fiesta de bodas en Caná. Es acerca de la transformación de lo corriente en extraordinario, de lo natural en sobrenatural, del reino de este mundo en el reino de Dios, de la ley en gracia y de la muerte en vida. Es acerca de la sangre de un Salvador cuyo cuerpo será quebrantado en una cruz para que de él fluyan ríos de agua viva. Es acerca de una fiesta de bolas en el cielo que se celebrará en el tiempo final. Es acerca de la misericordia, el gozo y la comunión. Y acerca del amor ardiente de Dios por su pueblo.

Es de notar que este milagro maravilloso ocurrió porque María se dio cuenta de la necesidad de alguien y se lo informó a su Hijo. Debido a la oración sencilla de una mujer compasiva se manifestó la gracia que puso el plan salvador de Dios en movimiento. Puede hasta haber sido que el Padre estaba esperando por una oración como la suya antes de acelerar las cosas. En cualquier caso, debemos animarnos. Este milagro nos insta a orar. Porque no somos solo parte de un público que contempla pasivamente el drama de la salvación. Nuestras oraciones en realidad ayudan a preparar el escenario y hasta pueden levantar la cortina para el próximo acto de la obra de Dios en la historia del mundo.

*Señor, me maravilla que tu poder logre tantas cosas a la vez. Con este milagro nos animaste a orar, nos mostraste tu compasión por una familia pobre, comenzaste tu reino y diste a tu pueblo una vislumbre de tu plan de salvación. Siempre me asombro por la eficiencia maravillosa de la gracia. Ayúdame a reconocer las necesidades de los demás y entonces, con calma y confianza, hacértelo saber. Como María, permíteme confiar en que contestarás mi oración como tú consideres apropiado.*

# Perdido y encontrado

*Además les digo que si dos de ustedes en la tierra se ponen de acuerdo sobre cualquier cosa que pidan, les será concedida por mi Padre que está en el cielo. Porque donde dos o tres se reúnen en mi nombre, allí estoy yo en medio de ellos.*

—Mateo 18:19-20

Alan Smith y su esposa Leisa habían pasado parte del día rastrillando hojas y pinocha de los pinos que crecían en el fondo de la casa de la madre de Leisa. Su pequeña hija Lydia estaba también ayudando a la abuela con el estilo característico de los cuatro años. Trabajaron duro toda la tarde y cuando el crepúsculo se perfiló en el horizonte, se enderezaron, se estiraron y miraron su obra con satisfacción.

El patio lucía fantástico. Los enormes pinos resplandecían verdes contra el profundo azul del firmamento. Aunque hermosos, estos árboles habían hecho del fondo un basurero que produjo doce bolsas llenas de pinocha. Ahora las bolsas plásticas negras estaban amontonadas en medio de la hierba.

Su sentimiento de satisfacción se interrumpió cuando Leisa de repente exclamó: «¡Ah, perdí el anillo. Pudiera estar en cualquier lugar del césped o en una de esas bolsas». Su anillo solitario con diamantes se le había deslizado del dedo mientras trabajaba.

«Todos nos sentimos mal, pero decidí que podíamos hacer algo para remediarlo —explicaba Alan—. Así que dije: "Oremos ahora mismo. Dios sabe dónde está". Nos sentamos en la hierba y le pedimos que le mostrara a uno de nosotros dónde estaba el anillo. Cerramos los ojos y nos quedamos quietos durante un minuto. De repente, mi hija de cuatro años saltó y dijo: "¡Sé dónde está!". Caminó hacia donde estaban todas las bolsas de basura y haló una. No era la primera ni tampoco la que estaba al borde. Lydia fue a una que estaba en medio de todas las bolsas y dijo: "Abran esta". No tuvimos ni siquiera que vaciar el contenido. Tan pronto como la abrimos y sacamos un poco de la pinocha, encontramos el anillo».

¡Qué experiencia tan maravillosa para esta familia! Orar juntos por su necesidad y ver a Dios usar a la más pequeña para hacer un milagro. Ese día la familia Smith se regocijó, no solo porque recuperaron algo de valor, sino porque algo muy precioso aumentó su fe.

*Señor, tú nos dices que solamente los que se vuelven como niños entra-*
*rán en tu reino. Dame la simple humildad y la fe de un niño mientras*
*te busco para los deseos más profundos de mi corazón. Después ayúda-*
*me a seguir tu dirección cuando contestes mis oraciones.*

# La oración de un niño

～

*¿Quién de ustedes, si su hijo le pide pan, le da una piedra? ¿O si le pide un pescado, le da una serpiente? Pues si ustedes, aun siendo malos, saben dar cosas buenas a sus hijos, ¡cuánto más su Padre que está en el cielo dará cosas buenas a los que le pidan!*

—Mateo 7:9-11

Con seguridad, casi todos los niños escogerían un caramelo antes que una manzana. Pero Andrew Weigand no era un niño de tres años y medio cualquiera. Él nunca había probado la acidez de una manzana y nunca había gozado de su sonido crujiente al morderla. En realidad nunca comía peras, naranjas, ciruelas, uvas, cerezas, fresas, frambuesas, sandía, duraznos, albaricoques, nectarinas o cualquier otra clase de fruta salvo plátanos. Desde la infancia, Andrew sufría de graves alergias alimenticias que le causaban una erupción de ampollas y diarrea aguda. Cuando era bebé, gritaba cada vez que mojaba el pañal.

Para empeorar las cosas, Andrew asistía a un grupo infantil en la iglesia que cantaba una cancioncita alegre que decía así: «¿Quién puede hacer una manzana? Sé que no puedo. ¿Puedes tú? Oh, ¿quién puede hacer una manzana? Solo Dios puede. Es verdad». Entonces le daban a cada uno de los niños un trozo de fruta artificial y los adultos hablaban acerca de lo buenas que son las frutas para uno, de cómo Dios quiere que los niños tengan los frutos del Espíritu y cómo Dios nos da frutas para que seamos saludables. Por sobre todas las cosas, Andrew deseaba poder comerse una manzana como los demás niños. Su madre, Marie, podía ver el conflicto que surgía en su mente infantil. «Podemos orar, Andrew —le decía ella—. Eso es lo único que podemos hacer. Mami no tiene una medicina que solucione el problema, pero Jesús te puede sanar si se lo pedimos».

No es de sorprenderse el que Marie llegara a estar tan frustrada que un día trajo algunos vegetales plásticos al grupo y les pidió a los adultos que cantaran acerca de las zanahorias, los pepinos y las papas. Ellos lo hicieron con buena voluntad, pero Andrew aún quería ser como los demás niños.

Unos meses después ella decidió llevar a su hijo a un culto de sanidad en una iglesia local. En cierto momento, el hombre que estaba dirigiendo el culto de oración dijo que creía que Dios estaba sanando a alguien de una grave alergia alimenticia. «Mi corazón dio un vuelco —dijo Marie—. Puse mi mano sobre la cabeza de Andrew y le pedí a Dios que sanara sus alergias. Sin embargo, todavía no estaba segura de que algo había sucedido, así que decidí llevarlo al frente para más oración. Durante todo el culto experimenté una tremenda sensación de paz, pero no sabía si en verdad mi hijo había recibido sanidad.

»Mientras regresábamos a casa, una amiga que iba con nosotros repetía de continuo: "¡Andrew, estás sano! Cuando llegues a casa te vas a comer una manzana". Su certidumbre me irritaba y yo insistía en que se callara porque no quería que Andrew se llenara de esperanzas. Pero era demasiado tarde.

»Cuando le sugerí que comenzara con un pedacito de manzana, me miró y me dijo: "Tú sabes que estoy sano. No sé por qué no me das la manzana entera". Yo estaba renuente a confiar en la fe de un niño, pero mi esposo me animó a probar, de manera que lo hice. Me preparé para lo inevitable, pero nada sucedió, ni la más mínima erupción, ni diarrea, nada. Unos meses antes, el más pequeño trozo de sandía era suficiente para desatar una reacción violenta. Pero ese día Andrew comió la manzana como cualquier otro niño saludable. Ahora come uvas como un loco y unta mermelada de cerezas en su pan. No tiene absolutamente ningún problema de alergias alimenticias.

»No sé en realidad por qué Dios sanó a Andrew cuando tantas personas sufren de problemas mucho más serios, pero sí sé que esta madre y su hijo nunca dudan de que nuestro Dios es un Dios de amor y misericordia».

*Padre, tú sabes lo difícil que es ver sufrir a nuestros hijos. Nos sentimos muy impotentes y frustrados con su dolor. Cuando esto suceda, ayúdanos a recordar que dependemos de ti por completo como nuestros hijos dependen de nosotros. Que podamos venir con la misma confianza de un niño de que tú eres quien dices ser, un Padre amoroso y todopoderoso que atiende nuestras oraciones y las contestas con sabiduría y misericordia.*

# Un milagro de pura persistencia

❦

*«Pues para que sepan que el Hijo del hombre tiene autoridad en la tierra para perdonar pecados —se dirigió entonces al paralítico—: A ti te digo, levántate, toma tu camilla y vete a tu casa». Él se levantó, tomó su camilla en seguida y salió caminando a la vista de todos. Ellos se quedaron asombrados y comenzaron a alabar a Dios. «Jamás habíamos visto cosa igual», decían.*

—MARCOS 2:10-12

Una multitud se había reunido para escuchar a Jesús hablar en Capernaúm, ciudad a orillas de la costa de Galilea. La casa donde se encontraba predicando estaba atestada de personas ansiosas de ver al hombre que había expulsado demonios y aun curado a un leproso. Muchos fariseos estaban allí también. Creyentes y escépticos llenaban la habitación. Las personas se agolpaban en las puertas, no cabía un alfiler. Todos querían oír lo que el rabino estaba diciendo.

Cuatro hombres se acercaron llevando a un paralítico. Ellos también habían escuchado las historias maravillosas acerca de Jesús. Quizá él hiciera algo por su amigo cuyos miembros torcidos se asemejaban a ramas colocadas con descuido sobre el colchón en el que estaba tendido. Pero la multitud era tan compacta que no podían atravesarla. Sin intimidarse, los hombres levantaron a su amigo hasta el techo de donde comenzaron a quitar las tejas y la paja para dejar una abertura. Mientras trabajaban, podían oír la voz de Jesús abajo.

Al principio, la multitud parecía ajena a lo que estaba sucediendo. De repente, Jesús dejó de hablar y todos los ojos quedaron fijos en el paralítico mientras lo bajaban con mucho cuidado desde el techo. Complacido con la fe de los hombres que lo habían traído, Jesús le dijo al paralítico: «Hijo, tus pecados quedan perdonados».

Sus palabras asombraron a los fariseos. Ellos conocían la ley y ella decía que solo Dios podía perdonar pecados.

«¿Por qué habla éste así? ¡Está blasfemando! ¿Quién puede perdonar pecados sino sólo Dios?» En ese mismo instante supo Jesús en su espíritu que esto era lo que estaban pensando. «¿Por qué razonan así? —les dijo—. ¿Qué es más fácil, decirle al paralítico: "Tus pecados son perdonados", o decirle: "Levántate, toma tu camilla y anda"? Pues para que sepan que el Hijo del hombre tiene autoridad en la tierra para perdonar pecados —se dirigió entonces al paralítico—: A ti te digo, levántate, toma tu camilla y vete a tu casa». Él se levantó, tomó su camilla en seguida y salió caminando a la vista de todos. Ellos se quedaron asombrados y comenzaron a alabar a Dios. «Jamás habíamos visto cosa igual», decían.

Cualquiera hubiera podido darle una palabra de falso consuelo al hombre paralítico diciéndole que sus pecados eran perdonados, pero solo Dios tenía poder para hacerlo levantarse de su lecho y caminar. Era evidente que este Jesús tenía poder sobre el alma así como sobre el cuerpo. Los fariseos necesitaban una señal tangible de que Jesús podía perdonar pecados. Quizás el paralítico mismo necesitaba una prueba de que sus pecados eran perdonados. ¿Cómo podía dudarlo ahora? Sus brazos y sus piernas estaban derechos, llevaba el lecho debajo del brazo y salía de la casa caminando a grandes pasos como un hombre nuevo.

Las personas habían visto los miembros atrofiados del inválido. Sin embargo, Jesús había visto su alma atrofiada. De manera que trató con lo que estaba dentro del hombre antes de tocar y restaurar lo que estaba fuera.

Muy a menudo venimos a Dios pidiendo un milagro: que cure a un amigo enfermo, que traiga de regreso a un hijo descarriado, que nos sane de un trastorno de alimentación, que salve un matrimonio en conflicto. Pensamos que sabemos lo que nos hará sentir satisfechos y felices otra vez. Pero Dios siempre penetra la superficie de nuestra necesidad para tratar con el centro del problema. Él no está interesado en hacer milagros que solo manifiestan su poder. Él quiere hacer milagros que revelen su amor. Y por eso trata, no solo con nuestro dolor, sino con el origen de nuestro dolor, no solo con la enfermedad de nuestros cuerpos, sino con la enfermedad de nuestro corazón. Al igual que a los amigos del paralítico, se nos llama a orar con fe. Cuando lo hagamos, Dios perdonará nuestros pecados y entonces nos tocará con su poder.

*Padre, a veces me resulta más fácil creer en tu poder que en tu misericordia. Ayúdame a ser rápida en rendir mis pecados a tu misericordia, más bien que a quedarme con terquedad enjuiciándome a mí misma. Dame la seguridad, como al hombre paralizado por el pecado, de que tú me has perdonado de verdad. Y concédeme el mismo amor persistente y la fe arriesgada de los hombres que bajaron a su hermano, el paralítico, a la presencia de Jesús. Después permíteme confiarle a él los resultados.*

# 14
# MILAGROS DE SANIDAD

*Creo en curas milagrosas, y nunca olvidaré lo que sentí al observar cómo se disolvió un enorme tumor canceroso en la mano de un trabajador y se volvió una pequeña cicatriz. No lo puedo entender, pero mucho menos puedo dudar de lo que vi con mis propios ojos.*

DR. ALEXIS CARREL
*Premio Nóbel de Medicina, 1913*

No fue una sorpresa que mi solicitud de historias de milagros generara más descripciones de sanidades físicas que de ninguna otra clase de milagros. Como criaturas en un mundo caído, es en nuestros cuerpos donde sentimos con más intensidad la separación del paraíso. En realidad, la enfermedad es con frecuencia una precursora de la muerte, y es en sí misma una clase de muerte más pequeña. Es interesante que Pablo en su Carta a los Romanos establece la raíz de nuestro problema: nos dice que la paga del pecado es muerte.

Como Louis Monden, el autor de Signs and Wonders [Señales y maravillas], ha señalado, la carne es el «escenario de la obra redentora». De manera que tiene sentido que a veces Dios sane nuestro cuerpo como una manera de revelar su misericordia y su gracia salvadora.

En realidad, cuando Dios toca nuestra carne es para impartir un mensaje más profundo a nuestro espíritu. En última instancia, esto es lo que le da a tales milagros un significado duradero. Si no fuera así, cada milagro de sanidad hecho en criaturas mortales a la larga sería anulado.

Como señala Monden, los milagros de sanidad tienen más en común con la transfiguración de Cristo en el monte Tabor que con su resurrección. En Tabor el velo se levantó por un momento para revelar la gloria de Jesús a sus discípulos. Sin embargo, la victoria decisiva no se había ganado todavía. Jesús aún tenía que enfrentar el Getsemaní y el Gólgota. De igual forma también nosotros aún enfrentamos el sufrimiento, la tristeza y muchas pruebas en los años que nos quedan. Haciendo eco de las conocidas palabras del poeta Robert Frost, tenemos aún «mucho trecho que andar antes de dormir».

Si tú o alguien a quien amas está sufriendo alguna clase de trastorno físico o mental, espero que te alientes con las historias siguientes. ¿Quién sabe si Dios extenderá su mano y te tocará con un milagro? No obstante, ya sea que lo haga o no, nunca dejes de aferrarte a él. Porque un día «él les enjugará toda lágrima de los ojos. Ya no habrá muerte, ni llanto, ni lamento ni dolor, porque las primeras cosas han dejado de existir» (Apocalipsis 21:4).

# LA SANIDAD DE UN ENEMIGO

*Los discípulos que lo rodeaban, al darse cuenta de lo que pasaba, dijeron: «Señor, ¿atacamos con la espada?». Y uno de ellos hirió al siervo del sumo sacerdote, cortándole la oreja derecha. «¡Déjenlos!», ordenó Jesús. Entonces le tocó la oreja al hombre, y lo sanó.*

—Lucas 22:49-51

Hace algunos años tuve la oportunidad de visitar Israel con un pequeño grupo de amigos. Un día estábamos viajando por una región al noreste de Tel Aviv cuando pasamos por el valle de Armagedón, el lugar donde el libro de Apocalipsis ubica la última guerra mundial. Mientras nuestro pequeño ómnibus pasaba por este lugar profético, observé al otro lado del pasillo a uno de los pasajeros que dormía. Más tarde bromeábamos con que Bill era la única persona que conocíamos que había dormido durante el Armagedón.

Siglos antes, los discípulos de Jesús lograron dormir durante uno de los momentos más negros en la historia de la salvación. Después de la cena de la Pascua lo siguieron al monte de los Olivos. Mientras Jesús se angustiaba en oración por su sufrimiento inminente, sus discípulos cabeceaban. Pero tan pronto como despertaron, se encontraron de frente con un destacamento de soldados y oficiales de los principales sacerdotes y fariseos que intentaban arrestar a su maestro.

Tomados por sorpresa, le preguntaron a Jesús si debían sacar sus espadas contra la multitud. Sin esperar la respuesta, Pedro le cortó la oreja a Malco, siervo del sumo sacerdote. No obstante, Jesús lo reprendió, recogió la oreja del hombre y procedió a ponerla donde correspondía como si nunca se la hubieran arrancado.

Me pregunto quién estaría más sorprendido: ¿Malco o Pedro? ¿Por qué un hombre que tenía esta clase de poder lo usaba para sanar a su enemigo? ¿Por qué, en primer lugar, permitía que lo arrestaran? Era demasiado para Pedro y los discípulos, quienes de inmediato abandonaron a Jesús a su suerte.

Con la ventaja de la percepción retrospectiva, reconocemos cuán necio fue Pedro. Sin embargo, como de costumbre, este impetuoso discípulo de Cristo actúa como un espejo que refleja nuestra propia conducta. ¿Cómo respondemos cuando se ataca el evangelio en las noticias, en nuestras escuelas, en nuestro vecindario o en la arena política? ¿Nos fortalecemos con oración pidiendo gracia para conocer y ser fieles a la estrategia divina como hizo Jesús en el Getsemaní? ¿O también nos hemos quedado dormidos en la hora de oscuridad? Una vez que despertamos a la amenaza, ¿respondemos como Pedro pensando que Jesús es demasiado débil para defenderse a sí mismo? Si es así, es posible que recurramos a malas jugadas e insultos, llamando demonio a cualquiera que se nos opone. En nuestro temor, podemos tomar una actitud defensiva y reducir el evangelio de Cristo a pura política.

Pero la lección de Getsemaní es que debemos unirnos a Jesús mientras ora al Padre por fuerza para hacer su voluntad. Solo entonces se nos dará la gracia necesaria para responder con fe más bien que con temor, con valor más bien que en defensa propia.

*Señor, te doy gracias de que Pedro no haya sido perfecto. Sus faltas de alguna manera logran animarme. Aunque era uno de tus amigos y discípulos más íntimos, a menudo te interpretó mal y no entendió tu mensaje. Tú, sin embargo, fuiste paciente con él y su fe se fortaleció. Ayúdame a aprender de mis faltas y enséñame cómo orar en tu presencia.*

# Presencia sanadora

*Por eso mi corazón se alegra, y se regocijan mis entrañas; todo mi ser se llena de confianza. No dejarás que mi vida termine en el sepulcro; no permitirás que sufra corrupción tu siervo fiel. Me has dado a conocer la senda de la vida; me llenarás de alegría en tu presencia, y de dicha eterna a tu derecha.*

—Salmo 16:9-11

Catherine Marshall, autora de varios libros que han tenido gran éxito de ventas, fue una mujer que muchos no olvidaremos. En su libro *Meeting God at Every Turn* [Encontrando a Dios a cada paso], ella cuenta una historia extraordinaria acerca de su lucha con la tuberculosis. Cuando recibió el diagnóstico en 1943, en el hospital Johns Hopkins de Baltimore, quedó destrozada al escuchar que necesitaría de tres a cuatro meses de reposo absoluto. Solo podría levantarse para ir al baño. Ella pensaba, preocupada, en cómo iba a poder limitar su mundo a un lecho de enfermedad cuando su hijo de tres años la necesitaba. No podía imaginarse que esos meses se extenderían a dos años frustrantes cuando cada visita del médico revelaría que no había ocurrido ninguna mejoría.

Por fortuna, su descanso forzoso no fue en vano. Catherine pasó su tiempo en la lectura de las Escrituras y en el estudio del carácter de Dios; haciéndole las preguntas difíciles de la fe y analizando las respuestas. No es de sorprenderse que una de sus preguntas fuera si Dios todavía sanaba a los enfermos. Cuando era niña había aprendido que los milagros habían terminado con la iglesia primitiva. Sin embargo, página tras página de los evangelios revelaban a un Jesús que sanaba a las personas. Tan ansioso estaba de tocar a los enfermos, ciegos y cojos con su poder sanador, que no podía esperar ni siquiera veinticuatro horas para evitar hacer un milagro el sábado, una práctica que ofendió profundamente a las autoridades religiosas de su tiempo. ¿Cómo podía este mismo Jesús abstenerse de sanar a la gente durante dos mil años? De manera que ella y su esposo Peter oraron con fervor por un milagro. Pero no ocurrió ninguno.

De todos modos continuaron orando. Al fin, después de muchos días de lucha interior, Catherine pronunció una oración sincera de completo abandono diciéndole a Dios que podía hacer con ella lo que él quisiera. Aceptaría su voluntad aun si ello significaba que fuera una inválida por el resto de su vida. Él no tenía que darle explicaciones porque ella confiaba en su amor y provisión sin importarle lo que sucediera. Esa oración fue decisiva. Esa misma noche, mientras estaba en la casa de sus padres, tuvo una experiencia que cambió su vida:

«Me desperté en medio de la noche. La habitación estaba en la más completa oscuridad. Al sentir al instante algo vivo, eléctrico en la habitación, me senté en la cama de un salto. Más allá de toda creencia verosímil, de repente, inexplicablemente, Cristo estaba allí, en persona, de pie al lado derecho de mi cama. No podía ver nada excepto una negrura profunda y aterciopelada a mi alrededor; pero el dormitorio estaba lleno de tal intensidad de poder, como si el Dínamo del universo estuviera allí. Cada nervio en mi cuerpo se estremecía como bajo una descarga de electricidad. Sabía que Jesús me sonreía con ternura, con amor, con humor; como un poco divertido de mi intensa seriedad respecto a mí misma. Su actitud parecía decir: "¡Tranquilízate! No hay una sola cosa aquí de la que no pueda hacerme cargo"».

Entonces escuchó una voz que le ordenaba «ir y decírselo a su madre». Esto la confundió y la asustó. Después de todo era media noche. ¿Qué iba ella a decirle? ¿Pensaría su madre que había perdido la razón?

Sin embargo, tenía el sentimiento de que su futuro dependía de su obediencia. «Me dirigí a tientas por el pasillo oscuro hacia el dormitorio enfrente al mío y le hablé en voz baja a mamá y a papá. Sorprendida, mamá se sentó en la cama de un salto: "Catherine, ¿pasa algo? ¿Qué ha sucedido?". "Todo está bien —les aseguré—. Solo quiero decirles que estaré bien desde ahora. Me pareció importante decírselos esta noche. Les daré los detalles mañana"».

Poco después las radiografías demostraron una mejoría notable en la condición de Catherine. El largo proceso estaba llegando a su fin. Al cabo de seis meses, los médicos la declararon completamente bien.

Muy a menudo parece que solo podemos aprender las lecciones de fe de la manera más difícil, luchando con Dios en medio de cualquier oscuridad que él permite en nuestra vida. Sin embargo, si luchamos como Catherine Marshall, con la determinación de conocer mejor a Dios, un día disfrutaremos de una apreciación más profunda de su presencia. Hasta podremos percibir que nos está sonriendo, diciéndonos que nos tranquilicemos al saber que no hay ninguna cosa de la que él no pueda hacerse cargo.

*Señor, soy luchadora por naturaleza. El tema de mi vida es «Nunca te des por vencida». Si algo no da resultado, entonces prueba otra cosa y otra y otra. Ayúdame a darme cuenta de cuándo es tiempo de luchar y cuándo es tiempo de rendirme. Tú conoces los aspectos de mi vida que exigen una entrega total. Ahora mismo, te pido que me ayudes a entregártelos a ti. Dame la gracia para decir que sí a tu voluntad. No un sí pronunciado con los dientes apretados, sino un sí sincero, pronunciado desde lo profundo de mi alma, que es el lugar donde tú moras.*

# Un milagro de la mente

*Luego dijo Jesús a sus discípulos: «Si alguien quiere ser mi discípulo, tiene que negarse a sí mismo, tomar su cruz y seguirme. Porque el que quiera salvar su vida, la perderá; pero el que pierda su vida por mi causa, la encontrará».*

—Mateo 16:24-25

Philip Luebbert tenía muchas cosas a su favor. Se había criado en el seno de una familia amorosa, se distinguió en la escuela y hasta logró estar en la lista de honor del decano de la universidad. Como era un joven serio, su fe significaba mucho para él y se matriculó en el seminario en St. Paul, Minnesota, para cumplir el sueño de su niñez de llegar a ser sacerdote. Sin embargo, cuando Philip tenía veintiún años, su sueño se hizo pedazos. Aunque entonces no lo sabía, una enfermedad terrible se había apoderado de su mente. Philip sufría de esquizofrenia.

«A menos que uno lo haya experimentado, no es posible imaginarse el horror que llena la mente, el terror que distorsiona la perspectiva que uno tiene del mundo. Uno tiene emociones que la mayoría de las personas nunca experimentan», explica Philip. »Yo estaba en un estadio de béisbol, por ejemplo, y estaba convencido de que todo el mundo tenía los ojos fijos en mí. Miles de ojos mirando solo a Phil Luebbert. Me obsesioné con la religión, convencido de que Dios me estaba castigando. Y sin importar lo que alguien me dijera, yo rechazaba que me ayudaran.

»Me puse tan mal un día, cuando tenía veintitrés años, que perdí el control por completo. Me subí al auto y comencé a conducir. Conduje tan veloz como pude, directo al terraplén de un puente. Sin embargo, de repente, y en realidad no sé cómo sucedió esto, sentí el impulso de poner mi pie en el freno. Era como si una fuerza irresistible dentro de mí me hiciera cambiar el pie del acelerador a los frenos. Me precipité contra el terraplén, pero a mucha menos velocidad. El auto quedó destrozado, pero yo salí caminando de los restos… y directo a un hospital mental. Desde ese momento todo fue como una serie interminable de hospitales y médicos, y todos decían lo mismo. Philip Luebbert nunca podrá trabajar. Nunca podrá vivir solo. Nunca podrá disfrutar de la vida.

»No podía dejar de preguntarle a Dios: "¿Por qué yo? ¿Qué he hecho para merecer esto? Lo único que he deseado es vivir para servirte". Me sentía tan traicionado. No obstante, a pesar de mis preguntas, no podía deshacerme del concepto de que Dios, después de todo, era un Dios amoroso que tenía poder para sanarme. En lo más íntimo de mi ser sabía que él no me abandonaría y continué orando con regularidad y pidiéndole perdón cada vez que lo ofendía. La iglesia fue un refugio para mí durante todo este tiempo. A pesar de mi confusión, no podía fallarle a Dios; y él no me falló a mí.

»Mi sanidad no sucedió de la noche a la mañana. Pero poco a poco comencé a mejorar, y en 1987 conseguí mi primer empleo lavando platos. No era el empleo con el que había soñado cuando era joven, pero después de todo lo que había pasado, era sorprendente que siquiera pudiera trabajar. Creía que mis padres iban a explotar de alegría cuando les di la noticia. Mi vida nunca será lo que yo soñé cuando era niño. Sé que hasta cierto punto los estragos de la enfermedad todavía persisten. Sin embargo, cualquiera que me haya conocido durante los años de mi hospitalización pudiera decir que un tremendo milagro de sanidad ha ocurrido en mi vida.

»Todavía no sé por qué he tenido que luchar con esta enfermedad. Pero la experiencia me ha permitido llegar a amar la cruz de Cristo. Ahora sé sin duda alguna que el sufrimiento puede ser redentor. Cuando no sabía qué hacer, cuando no había un lugar adonde ir a buscar ayuda, cuando estaba al borde de la desesperación, me mantuve aferrado a Dios. Y él estuvo allí. Me salvó. Me restauró. Y tiene un propósito para mi vida».

*Padre, cada uno de nosotros tiene una cruz que cargar en esta vida, alguna tristeza o sufrimiento que da forma a nuestras almas para bien o para mal. Sea lo que sea, ayúdanos a recibir valor de la cruz de tu Hijo. Que podamos aferrarnos a ti pase lo que pase. Y mientras nos aferramos a ti, moldéanos con tus manos amorosas y fórmanos a tu imagen.*

# Un milagro cada día

❧

*Me sacó de la fosa de la muerte, del lodo y del pantano; puso mis pies*
*sobre una roca, y me plantó en terreno firme. Puso en mis labios un*
*cántico nuevo, un himno de alabanza a nuestro Dios. Al ver esto, mu-*
*chos tuvieron miedo y pusieron su confianza en el Señor.*

—SALMO 40:2-3

Carlene Miller dependía de su voz para ganarse la vida. Ella estaba en el
teléfono de continuo negociando convenios de arriendo con otras compañías. En 1993 contrajo lo que pensó que era un caso grave de laringitis. No
obstante, resultó ser peor que eso. Un especialista le dijo que sufría de parálisis en una cuerda vocal, resultado probable de un virus. El tiempo demostra-
ría si iba a sanarse o si su voz quedaría reducida a un susurro por el resto de
su vida. No había nada que el especialista pudiera hacer.

La idea era intolerable para Carlene, quien también disfrutaba del ministerio del canto en las iglesias locales. Ahora no podía ni cantar ni hablar
con una voz normal. Después de tres o cuatro palabras tenía que detenerse
para respirar. En el trabajo, le daba todo por escrito a su secretaria, con la
esperanza de arreglárselas hasta que recuperara su voz. Pero eso no estaba
dando resultado.

De todos modos, el especialista le dijo que las probabilidades de recuperación eran buenas, aunque tomaría por lo menos seis meses. Ya habían
pasado cinco semanas y Carlene se preguntaba si podría soportar un día más.
Para empeorar las cosas, hacía poco le habían diagnosticado un síndrome de
fatiga crónica. Temía perder su trabajo.

«Estaba tan abatida por la noticia», dice ella, «que me fui a casa y lloré
sobre el hombro de mi compañera de cuarto, Lori. Más tarde alguien de la
iglesia me llamó para invitarme a asistir al día siguiente a la práctica semanal
del grupo de adoración. Aunque no podía cantar ni una nota, consentí en ir
porque mis amigos querían orar por mí.

»Pero tuve que trabajar hasta tarde al día siguiente y estaba agotada como resultado de mi fatiga crónica. En lo único que podía pensar era en cuánto deseaba acostarme. Si solo pudiera dormir un poco. Pero Lori, que después de todo no es muy religiosa, insistió en que fuera a la iglesia. "¡Por lo regular te diría que te quedaras en casa —me dijo—, pero las personas en tu iglesia quieren orar por ti y creo que debes ir. Te llevaré en mi auto".

»De manera que fuimos y Lori se sentó al fondo observando cómo el coro me rodeaba para orar por mi sanidad. Oraron en voz alta y después comenzaron a cantar. Al cabo de unos veinte minutos, algunos de los miembros comenzaron a tocar instrumentos. Aquello se volvió una fiesta improvisada de adoración y la música era tan hermosa que hasta se me olvidó por qué estaba allí. La presencia de Dios era tan palpable que comencé a llorar.

»De repente tuve esta noción extraña de que debía abrir mi boca y gritar con todos mis pulmones. Parecía ridículo. ¿Cómo podría gritar si hablar era tan doloroso? Yo ni había podido susurrar durante cinco semanas. Pero el pensamiento era cada vez más fuerte, hasta que no pude soportarlo más. De manera que grité: "¡Ya volvió!", y entonces todo el mundo comenzó a llorar. Dios me dio la fe para gritar que mi voz estaba sana aun antes de saberlo.

»De regreso a casa, Lori decía una y otra vez: "Si no te hubiera traído y te hubiera escuchado tratando de hablar durante las pasadas semanas, no lo habría creído".

»Después de eso mi voz fue tan fuerte como siempre, excepto que perdí un poco de extensión al cantar; esto lo recuperé después de unos meses de práctica. Yo estaba tan llena de regocijo y de fe que sabía que a la mañana siguiente me despertaría sin ni siquiera un síntoma de la fatiga crónica. El Dios que adoraba era un Dios de milagros. Sin embargo, me desperté sintiéndome más cansada que nunca. La fatiga crónica estaba allí en toda su fuerza. Me preguntaba por qué Dios había sanado mi voz, pero no el resto de mi cuerpo. Pasaría un tiempo antes de que empezara a comprender sus razones. Pero ahora sabía sin lugar a dudas que Dios se preocupaba por lo que estaba sucediendo y que él estaba en control de mi vida».

*Señor, tú eres un Dios que escuchas hasta nuestros clamores inaudibles, un rey amoroso que habita en las alabanzas de su pueblo. Que al venir a tu presencia sanadora, la música de nuestras voces se mezcle para formar una canción de alabanza que resulte hermosa a tus oídos.*

## 15
# MILAGROS QUE MULTIPLICAN

*Los milagros no suceden en contradicción a la naturaleza,*
*sino en contradicción a lo que sabemos de la naturaleza.*

—SAN AGUSTÍN

Hasta en una sociedad próspera muchos de nuestros problemas parecen proceder de la escasez. Sentimos que tenemos muy poco dinero, muy poco tiempo, muy poco amor y paciencia. Por mucho dinero que ahorremos, todavía nos preocupamos por el futuro. ¿Afectará la inflación nuestros ahorros? ¿Seguirá subiendo a un ritmo vertiginoso el costo de la universidad? ¿Podremos encontrar el tiempo y la energía necesarios para cuidar de nuestros padres ancianos? No hay bastante de nosotros o de las cosas que necesitamos para que sean suficientes. Somos criaturas finitas con aspiraciones infinitas.

Cuando me siento así, me gusta recordar los milagros de multiplicación que Dios ha hecho. Como siempre, hay más en estos milagros de lo que se ve a simple vista. Cuando Jesús parte el pan y lo multiplica, nos ofrece una vislumbre de sí mismo como el pan de vida. Cuando los discípulos disfrutan de una pesca sin precedentes, nos damos cuenta de que van a convertirse en pescadores de las almas de los hombres. Reduce los milagros solo a su significado literal y perderás de vista su verdadera importancia.

De modo que la próxima vez que sientas hambre espiritual, recuérdale a Jesús que después de todo, él es el pan de vida. La próxima vez que tropieces con tus limitaciones, úsalas como una oportunidad de depender más de él. Sé sincero acerca de tu vacío espiritual. Analiza las palabras, las promesas y las maravillas de Jesús hasta que tu alma encuentre el alimento que ansía. Dale a Dios lo poco que tienes de fe, de anhelos, de perseverancia, y pídele que lo multiplique a ciento por uno.

# Una educación en milagros

～

*Tomó los cinco panes y los dos pescados y, mirando al cielo, [Jesús] los
bendijo. Luego partió los panes y se los dio a los discípulos, quienes los
repartieron a la gente. Todos comieron hasta quedar satisfechos, y los
discípulos recogieron doce canastas llenas de pedazos que sobraron.*

—MATEO 14:19-20

Recuerdas la historia. Jesús y sus discípulos acababan de enterarse de que
habían decapitado a Juan el Bautista. Ahora buscaban un lugar tranquilo donde meditar y lograr comprender algo tan triste. Pero la multitud que
lo aclamaba los siguió y los encontró en la costa cuando cruzaron el mar de
Galilea. Mientras la barca se acercaba, Jesús podía verlos y oír los gritos ju-
bilosos: «¡Lo veo!». «¡Allí está, el que hace milagros!» «¡El que expulsa los
demonios y hasta levanta los muertos!» Había muchos de ellos: los enfermos
del alma, los leprosos, los ciegos, los cojos, las prostitutas y los mendigos.
Cada uno tenía una esperanza, cada uno una necesidad. Él conocía sus historias sin preguntar.

Él había ansiado mucho descansar, pero su corazón se compadecía de
los hombres y las mujeres que se amontonaban en la costa. Pasó el día entre
ellos, enseñándoles y sanando los enfermos. Pero al acercarse la noche, los
discípulos comenzaron a preocuparse. ¿Qué sucedería al ponerse el sol? Estaban en un lugar remoto y no tenían nada con qué alimentar a la multitud
que para entonces era de varios miles de personas. El salario de ocho meses
no sería suficiente para alimentar a un grupo de esta magnitud.

Entonces hicieron lo que con toda seguridad tú y yo hubiéramos hecho.
Sugirieron lo que era evidente: Jesús debía dispersar a la multitud para que
cada hombre encontrara alimento para su familia en las aldeas circundantes.
Sin embargo, Jesús los asombró con su respuesta: «¿Cuántos panes tienen?».
Ellos deben haber pensado por qué siquiera hacía semejante pregunta.

«Cinco panes pequeños y dos peces pequeños», fue su respuesta, como para enfatizar lo poco que tenían para suplir una necesidad tan grande.

Entonces Jesús les pidió a los discípulos que hicieran sentar a las personas en grupos sobre la hierba y procedió a dar gracias por los panes, partirlos y distribuirlos junto con el pescado, para alimentar a más de cinco mil hombres, mujeres y niños.

Me encanta este cuadro de Jesús. Tomando los panecillos y levantándolos al cielo y dando gracias a su Padre. Era como si estuviera diciendo: «Lo que tú das, Padre, es suficiente para hacer la obra». Y lo era. Los discípulos seguían repartiendo el pan y el pescado y las personas seguían comiendo. Al final del día, todos estaban llenos y había sobrado, doce cestas llenas de alimento, una para cada discípulo.

Jesús y sus discípulos estaban cansados, angustiados, anhelando un poco de paz y tranquilidad. Lo último que deseaban era pasar el día con un torrente interminable de personas, cada una esperando un milagro. Sin embargo, una vez más el amor y la compasión de Jesús prevalecieron. Qué experiencia deben haber tenido sus discípulos cuando su preocupación dio lugar a la confusión, y la confusión al asombro, y el asombro al gozo. Cinco panecillos habían alimentado a una multitud y ellos mismos habían sido instrumentos del milagro, riéndose mientras hundían las manos en las cestas para sacar pescado y pan para los hambrientos. Observar a Jesús ese día debe haber sido una gran educación en milagros. Debe haberles enseñado acerca del poder de combinar la gratitud con la fe y la fe con el quebrantamiento, una mezcla suficientemente poderosa como para hacer un milagro. Años más tarde deben haber pensado acerca de aquel día en la costa, a la luz de la última cena que comieron con Jesús antes de su muerte, cuando su cuerpo sería quebrantado en una cruz romana. Entonces también él toma el pan en sus manos, dando gracias y lo parte, diciendo: «Tomen y coman; esto es mi cuerpo».

El quebrantamiento de Jesús es lo único que tenemos para ofrecernos unos a otros. Pero ese mismo quebrantamiento es la levadura para los milagros. Cuando Jesucristo vive en mí y yo en él, entonces tengo algo que ofrecer, por muy insignificantes que sean mis dones. Puede parecer que tengo muy poco de lo que necesitan los demás: dinero, paciencia, tiempo y amor.

No obstante, si tomo lo poco que tengo, doy gracias por ello, lo parto y lo doy, entonces yo también ayudaré a alimentar a los hambrientos de este mundo.

*Jesús, cuando yo estaba desesperada y enferma del alma viniste a mí. Cuando estaba confundida y sola, te compadeciste de mí. Cuando era tu enemiga diste tu vida por mí. Tu quebrantamiento me ha sanado y alimentado y ha traído paz a mi alma. Y ahora tú vives dentro de mí por el poder de tu Espíritu. Cuando esté abrumada por las necesidades de los demás preguntándome qué puedo hacer para ayudar, permíteme recordar el milagro de los panes y los peces. Permíteme ser un pequeño panecillo que tú tomas en tus manos para partirlo y dárselo a los que están hambrientos.*

# Un milagro de sopa y pan

❧

*Cuando ya se hizo tarde, se le acercaron sus discípulos y le dijeron:*
*«Éste es un lugar apartado y ya es muy tarde. Despide a la gente, para*
*que vayan a los campos y pueblos cercanos y se compren algo de co-*
*mer». «Denles ustedes mismos de comer», contestó Jesús.*

—MARCOS 6:35-37

Paul Thigpen asistió a la universidad de Yale a principios de la década de los años setenta, una época que desdeñaba lo sobrenatural. La fe era un anacronismo y los milagros el simple producto derivado de una imaginación exagerada. Con el tiempo suficiente, uno podía encontrar una explicación natural para cualquier cosa que sucediera. Paul había sido ateo durante su adolescencia y también había pensado que la materia y la energía eran lo único que existía en el universo. Pero todo eso cambió con su conversión a la fe cristiana durante su último año en la escuela secundaria y un posterior período de dos años en el campo misionero en Europa.

En Yale, Paul se estaba especializando en estudios religiosos. Uno de sus cursos de religión, impartido por un profesor escéptico, parecía diseñado para destruir más bien que para edificar la fe. En cierta ocasión, su profesor hizo una observación acerca del relato de la multiplicación de los panes y los peces que Paul nunca olvidaría. El instructor mencionó como al pasar que era evidente que el relato no era histórico porque todos sabían, desde luego, que los milagros no ocurren y que el alimento en realidad no puede multiplicarse.

«Solo moví la cabeza —recuerda Paul—, y pensé acerca de las cosas extraordinarias que había experimentado en el campo misionero durante los dos años anteriores. Antes de mi viaje a Europa, un comentario como ese hubiera destruido mi fe. Sin embargo, ahora solo me parecía presuntuoso e insensato.

»Había vivido como misionero en un pequeño pueblo llamado Nieder-Woellstadt al norte de Frankfurt, Alemania, como parte del personal en un centro de adiestramiento para jóvenes cristianos.

»No mucho después se corrió la voz entre los turistas de mochila que nosotros a veces dábamos comida gratis a los que pasaban por allí. A menudo teníamos comensales de última hora, pero no disponíamos de mucho dinero para comestibles. De manera que hacíamos lo que se podía y esperábamos que todo saliera bien. En un par de ocasiones, el cocinero me susurró: "Paul, simplemente no tenemos suficiente sopa y pan. Ora para que Dios multiplique los alimentos o disminuya nuestro apetito". Entonces orábamos y los alimentos nunca se acababan. Cuanto más veces esto sucedía, tanto más nos preguntábamos si Dios estaba haciendo un milagro en nuestra pequeña cocina.

»La curiosidad fue más fuerte que nosotros, por lo que decidimos experimentar. Un día medimos con cuidado la cantidad de sopa en la olla y entonces medimos lo que servíamos. Mientras tanto, vigilábamos para asegurarnos de que nadie echaba agua en la sopa para que alcanzara. Después de la comida, nos dimos cuenta de que nuestra sospecha era verdadera, en realidad habíamos servido más sopa de la que habíamos hecho.

»Además de la sopa, a menudo servíamos una clase de pan negro de corteza gruesa que es muy popular en Alemania. Decidimos repetir el experimento. Una noche, cuando nuestra provisión de pan no era suficiente para la necesidad de la cena, con cuidado medí el largo de la barra antes de colocarla en la máquina de rebanar. Entonces volví a unir las rebanadas apretadas y medí el pan otra vez. ¡Al igual que antes, lo imposible había sucedido! La barra era varias pulgadas más larga de lo que había sido antes de cortarla.

»Han pasado más de veinte años desde que fui testigo de estos milagros. No obstante, todavía están muy vívidos en mi mente. Me doy cuenta de que no puedo probar nada al mundo, pero tampoco puedo pasar por alto la evidencia de mis propios ojos».

Me pregunto si se necesita más fe para creer que Dios puede multiplicar los alimentos o más fe para creer que se tomará la molestia en hacerlo. Después de todo, ¿por qué tiene él que tomarse el trabajo de hacer un milagro solo para llenar el estómago de unos cuantos turistas hambrientos? Quizás estuviera demostrando algo: que el Jesús que obró milagros hace dos mil años es el mismo Jesús que obra milagros hoy día. A través de los siglos dos cosas han permanecido igual: la naturaleza de nuestras necesidades y el poder incomparable de nuestro Dios para satisfacerlas. Paul Thigpen sabe que Dios puede hacer lo que quiera, cuando quiera, mediante quien él quiera escoger.

*Padre, perdóname por las veces que he tratado de encerrarte en mi escepticismo, de modelar un dios según mi propio entendimiento. Hazme sensible a los milagros, Señor, y dame una fe robusta. Revela tu grandeza y entonces permíteme solo inclinar mi rostro y adorarte.*

# EL MILAGRO DE
# DEMASIADOS PECES

~

*Cuando acabó de hablar, le dijo a Simón: «Lleva la barca hacia aguas*
*más profundas, y echen allí las redes para pescar». «Maestro, hemos*
*estado trabajando duro toda la noche y no hemos pescado nada —le*
*contestó Simón—. Pero como tú me lo mandas, echaré las redes».*

—LUCAS 5:4-6

Todo el mundo sabía que la mejor hora para pescar era de noche. Simón Pedro había estado haciéndolo durante horas sin tener nada con qué demostrar su labor. Mientras el sol salía por detrás de las colinas y rozaba la superficie del mar de Galilea, decidió que más valía atracar la barca y esperar mejor suerte mañana. En lo que limpiaba sus redes, el hombre llamado Jesús decidió usar su barca como púlpito, pidiéndole a Pedro que la separara un poco de la orilla para poder tener una posición más ventajosa desde la cual dirigirse a la multitud. A Pedro le gustaba Jesús. El rabino había estado en su casa y había orado por su suegra cuando esta había tenido una fiebre alta. Él era diferente a todos los otros maestros a los que había escuchado, contando historia tras historia que parecían revolucionar el mundo y todo lo que hay en él.

De repente, Pedro se dio cuenta de que Jesús le estaba hablando. «Lleva la barca hacia aguas más profundas, y echen allí las redes para pescar». Pedro respetaba al hombre como maestro, ¿pero qué sabía él de pesca? La tripulación y él habían trabajado duro toda la noche y no habían pescado nada. No obstante, hizo lo que Jesús pidió. Aunque sabía que sería inútil, Pedro dio la señal de echar las redes y luego de levantarlas lentamente. Mientras tiraba y halaba las cuerdas con todas sus fuerzas, a Pedro le parecía como si estuviera intentado levantar el mismo fondo del mar. Al fin, aparecieron las redes repletas y rompiéndose, incapaces de contener tantos peces.

Pedro llamó muy agitado a sus compañeros para que acercaran sus barcas y ayudaran a recoger la pesca. Las barcas estaban tan colmadas de peces que comenzaron a hundirse.

Pedro se hallaba abrumado por el milagro, no en virtud de su buena fortuna, sino en virtud de lo que estaba comenzando a comprender acerca del que obró el milagro. Cayó a los pies de Jesús suplicándole que se alejara de él: «¡Apártate de mí, Señor; soy un pecador!». Sin embargo, Jesús simplemente le dijo: «No temas; desde ahora serás pescador de hombres».

Pedro había pescado toda una noche sin tener nada con qué demostrar sus esfuerzos. Fue en ese momento preciso que Jesús decidió hacer el milagro y Pedro quedó atrapado en la red que Jesús lanzó. Más tarde conduciría a muchos a la iglesia primitiva, cumpliendo de esa manera las palabras de Jesús acerca de él. Lo que más había esperado Pedro ese día era una buena pesca para suplir el mercado en la mañana. Sin embargo, Jesús tenía planes mayores. Al llamar a Pedro y los demás discípulos estaba tejiendo una red para «atrapar» el alma de incontables hombres y mujeres a través de los siglos.

*Señor, a veces me olvido que sin ti no puedo hacer nada significativo. Toda mi labor, mi preocupación y mis desvelos no me llevarán a ninguna parte si tú no me guías. Ayúdame a recordar que solo tú puedes hacerme fructífera. Cuando venga la tentación de limitar tu obra en mí y mediante mí, recuérdame de aquellos demasiados peces en las pocas redes y ayúdame a echar mis redes cuándo y dónde tú lo digas.*

# Un milagro y dinero

～

*Den, y se les dará: se les echará en el regazo una medida llena, apreta-*
*da, sacudida y desbordante. Porque con la medida que midan a otros,*
*se les medirá a ustedes.*

—Lucas 6:38

C inco dólares es una fortuna si uno no tiene mucho dinero en el bolsillo. Ese día Debbi Moore solo tenía lo suficiente para comprar comestibles. En los últimos tiempos el presupuesto familiar había sido muy limitado, y ella siempre compraba con dinero en efectivo. De esa manera estaría segura de no gastar ni cinco centavos más de lo que disponía.

Cuando se dirigía hacia el supermercado se fijó en un hombre despeinado que estaba de pie al borde de la calzada. No estaba pidiendo dinero, sino que solo sostenía un letrero que decía: «Jesús sana el corazón quebrantado». Debbi no estaba segura por qué, pero experimentó una urgencia abrumadora de darle algo, aunque no disponía de casi nada.

Buscó en el compartimiento de su auto y sacó un billete de cinco dólares. «Me parecía mucho», explica ella; «pero yo sabía que debía dárselos. Con todo, tenía un pequeño problema... No estaba segura de cómo iba a poder darle el dinero al hombre en la acera. Soy de las que puedo tirar un disco volador y errarle por más de cuarenta y cinco metros. La luz estaba cambiando y sabía que los autos que venían detrás podían arrastrar el billete bajo sus ruedas. Así que dije: "Esto es para ti, Señor. Tú tienes que hacerlo llegar". De modo que lo estrujé y lo lancé por la ventanilla del pasajero. Al pasar conduciendo, miré por mi retrovisor y vi al hombre cuando ponía el pie sobre el billete nuevecito de cinco dólares.

»Después de esto me olvidé del asunto por completo. Sin embargo, a la noche siguiente asistí a un culto de oración y alguien me entregó un sobre. Dentro había un certificado por veinte dólares para comprar en una tienda de víveres. ¡Y junto con el certificado había un flamante billete de cinco dólares!»

Ese día Debbi Moore hizo una inversión por la cual Wall Street liquidaría a cualquiera. Ella recibió una ganancia de un cuatrocientos por ciento de su dinero en menos de cuarenta y ocho horas. Aunque Debbi no dio porque esperaba recibir nada a cambio, el regalo en el sobre confirmó su creencia de que es imposible superar la generosidad de Dios.

Su historia trae a la mente el consejo de Jesús: «Den, y se les dará: se les echará en el regazo una medida llena, apretada, sacudida y desbordante. Porque con la medida que midan a otros, se les medirá a ustedes». Sin embargo, Jesús no estaba hablando de dinero. Antes de hacer esta declaración que se narra en el Evangelio de Lucas, él dice que si no queremos que nos juzguen, debemos abstenernos de juzgar, y que si queremos que nos perdonen, entonces debemos perdonar a los demás. La cuestión es ser tan generosos como sea posible en nuestros tratos con los demás: mostrar misericordia, ir un poco más allá, dar un margen de confianza, ayudar a alguien. No es complicado, es nada más que vivir la regla de oro en términos diarios.

*Señor, vivir la vida en términos espirituales no es ni siquiera tan complicado como yo a veces lo hago. En esencia, significa obedecer tus dos grandes mandamientos: amarte con todo mi corazón, alma y mente, y amar a los demás como a mí misma. Ayúdame a recordar estas dos cosas de continuo y que todas las demás inquietudes queden en segundo lugar.*

# 16

# MILAGROS Y ÁNGELES

❦

*Parecería entonces, que cuando un número de fieles se reúnen con*
*sinceridad para la gloria de Cristo [...] cada uno tendrá, acampado*
*a su lado, su propio ángel, a quien Dios ha nombrado para que lo*
*guarde y lo cuide. De manera que cuando los santos están congregados,*
*habrá una iglesia doble, una de hombres y una de ángeles.*

—Orígenes

Los ángeles son el séquito de Dios. Dondequiera que estén obrando se encontrarán huellas de lo divino. No es de maravillarse que los encontremos tan fascinantes.

No obstante, me pregunto cómo se sienten estas criaturas poderosas cuando ven imágenes de sí mismos prendidas en nuestra solapa, pegadas en el guardafango de los automóviles o impresas en papel de regalo. Hace poco un amigo me mostró una tira cómica encantadora que representaba una escena en el cielo. Una multitud de ángeles estaban de pie en una corte celestial, reclamando toda la atención de Dios. Adornado con la estereotipada barba blanca, Dios estaba frente a ellos, martillo en mano, tratando de restablecer el orden en la corte. Al pie del grabado decía: «¡No quiero escuchar ni una palabra más acerca de las regalías que han estado perdiendo de todos esos libros acerca de los ángeles!». Los ángeles pudieran enriquecerse con nuestra devoción.

Nuestro enamoramiento puede proceder del hecho de que ansiamos protección, amor y belleza. Qué alentador es pensar que seres hermosos velan por nosotros en medio de un mundo peligroso y violento. Los ángeles nos vuelven sensibles a las maravillas. Aligeran nuestras cargas. Nos convencen de que el bien triunfa sobre el mal. Si se lo permitimos, ablandan nuestra incredulidad y levantan el velo entre lo natural y lo sobrenatural. Lo que es más, nos enseñan algo acerca del carácter de Dios.

Si encontramos deslumbradores a los ángeles, cuánto más debemos postrarnos y adorar al que ellos llaman «Señor». Porque él es la fuente del poder, la belleza, la misericordia, la bondad y de todo gozo.

Dedica unos minutos para pensar acerca de los ángeles y después agradece a Dios por darte protectores tan maravillosos y poderosos. Dile lo contento que estás de pertenecer a él, y entonces adóralo con todo tu corazón.

# EL ÁNGEL Y EL ACCIDENTE

*Ya que has puesto al Señor por tu refugio, al Altísimo por tu protección, ningún mal habrá de sobrevenirte, ninguna calamidad llegará a tu hogar. Porque él ordenará que sus ángeles te cuiden en todos tus caminos. Con sus propias manos te levantarán para que no tropieces con piedra alguna.*

—Salmo 91:9-12

Sharyl Smith era una joven que estudiaba para ser enfermera y tenía fama de delicada. En muchas ocasiones había tenido que abandonar la sala de cirugía, o se había desmayado y la habían tenido que sacar porque no podía soportar la vista ni el olor de las operaciones quirúrgicas. Nadie la hubiera catalogado como una heroína en la escena de un accidente sangriento. Pero sí lo fue.

Su historia aparece en la edición del verano de 1993 de The Journal of Christian Nursing [El diario de la enfermera cristiana]. Ella iba camino a la escuela cuando dio la vuelta a una colina en su auto. En la hilera de tránsito delante vio un camión enorme cruzando una intersección. De repente pareció «desbaratarse, como un tren descarrilado». Algunos pedazos se incendiaron y cayeron al lado del camino frente a ella. Sharyl se hizo a un lado para estacionarse. La cabina había caído a la cuneta y ella podía ver al chofer desplomado sobre el volante con el rostro bañado en sangre.

Gritó pidiendo auxilio, pero el público permanecía paralizado contemplando boquiabierto el accidente. Alguien gritó que el camión estaba a punto de explotar. Y entonces ella vio lo que ocurría. La gasolina estaba saliendo a borbotones del tanque hacia el pavimento. La cabina ya estaba incendiada y también la hierba en la cuneta. Vaciló por un momento y después corrió hacia el camión.

«Si nadie me ayuda tendré que sacarlo yo sola. Prefiero morir que quedarme parada viendo cómo muere ese hombre. Mientras atravesaba el fuego hacia el camión sentí como si una burbuja invisible me rodeara protegiéndome. Cuando abrí la puerta de la cabina salió una ráfaga de fuego, sin embargo no me quemé. El tanque de gasolina perforado echaba gasolina hacia mis pies, haciendo un sonido extraño cuando caía a la tierra».

Aterrorizada no fuera a ser que el camión explotara, arrastró parcialmente fuera de la cabina el cuerpo inerte del hombre. Sus pantalones ya estaban incendiados, pero no parecía posible que ella sola pudiera sacarlo por completo de los restos. Con desesperación oró: «Querido Dios, por favor, ¡ayúdanos!».

De repente, un hombre apareció a su lado. El pie del chofer había quedado trabado en la puerta y él lo destrabó. Después apagó las llamas restantes en las ropas del hombre herido y juntos lo arrastraron a lugar seguro.

Para entonces la policía había llegado con una ambulancia. En el hospital le dieron a Sharyl alguna ropa para cambiarse. Al quitarse la cruz de marfil del cuello, se dio cuenta de que estaba cubierta de sangre. Sola en la habitación, abrió la ventana de par en par, miró al cielo azul y le dio gracias a Dios por su misericordia. Estaba viva y también el chofer del infortunado camión. Más tarde supo que él se había recuperado por completo.

Sharyl sabe que hubo algo más que el acto de valentía de una mujer. «No tengo explicación para la burbuja de protección que sentí mientras estaba en la cuneta incendiada. Sé que las suelas de mis zapatos de goma se derritieron; las llamas salieron directo de la cabina hacia mi cabeza cuando abrí la puerta; ni un cabello de mi cabeza fue ni siquiera chamuscado, ni sufrí ninguna quemadura. Estoy convencida de que Dios envió un ángel para protegerme ese día funesto. No sé por qué ocurrió el accidente. Solo sé que creo en la intervención divina. Creo en milagros».

*Jesús, después de dos mil años todavía evocamos tus palabras. «Nadie tiene amor más grande que el dar la vida por sus amigos». Dadnos el valor para vivirlas sin que nos importe el costo.*

# TRES ÁNGELES AL RESCATE

❧

*Cuando cruces las aguas, yo estaré contigo; cuando cruces los ríos, no te cubrirán sus aguas; cuando camines por el fuego, no te quemarás ni te abrasarán las llamas. Yo soy el Señor, tu Dios, el Santo de Israel, tu salvador.*

—Isaías 43:2-3

Roseanne Koskie no tenía la menor idea de que el 10 de noviembre de 1993 iba a ser un día diferente a cualquier otro. Si lo hubiera sabido, a lo mejor habría decidido quedarse en la cama esa mañana.

«Conduzco un auto del noventa y uno —explicaba ella—. Nunca me dio ningún problema hasta el día que una compañera de trabajo y yo decidimos almorzar en un restaurante al este de El Paso, Tejas. Durante el almuerzo hablamos de negocios y después nos preparamos para irnos. Pero había un problema; mi auto no arrancaba.

»Intenté la ignición otra vez, pero nada sucedió. El motor no funcionaba. Mi amiga Sandy sugirió que le diera un poco de gas, pero le expliqué que en este tipo de motor no era necesario apretar el acelerador para que los cilindros se encendieran. Pero por mucho que traté, el auto no arrancaba. Como estábamos estacionadas en una pendiente comenzamos a preguntarnos si por alguna razón el combustible no estaba pasando por las líneas. Quizá necesitara impulso extra para moverse. De manera que apreté el acelerador un par de veces. Pero aun así, nada sucedió. En ese momento, Sandy se ofreció a regresar al restaurante para pedir ayuda.

»Me senté en el auto por un minuto cuando de repente noté lo que parecían ser llamas que salían debajo del capó. No podía ser fuego, pensé. El motor ni siquiera había arrancado. Sin pensar, salí del auto y levante el capó. En efecto, la parte delantera estaba en llamas. Corrí al baúl buscando una manta para sofocar las llamas, pero mientras regresaba al frente del auto me di cuenta de que no había manera de apagar este fuego. Por lo menos yo no podía hacerlo.

»Las llamas parecían crecer por segundo. Me quedé allí pasmada mirando con fijeza el fuego. Parecía que no podía moverme. En cierto momento escuché una voz que me gritaba: "¡Señorita, salga de ahí! ¡Va a explotar!". Sin embargo, todavía no podía mover los pies. De repente, alguien me agarró por los hombros, alejándome del auto hacia un lugar seguro. Miré a mi alrededor para ver quién había sido, pero no había nadie allí. Entonces vi a dos hombres corriendo hacia el auto desde diferentes direcciones, ambos llevando extintores. Juntos sofocaron el fuego y ese fue el final.

»Se necesitó un mes para reparar el auto, pero tanto Sandy como yo salimos ilesas. Más tarde descubrí que el tubo que inyecta el combustible había estallado, tal vez en el momento en que apreté el acelerador a fondo. Dimos gracias a Dios porque pudimos salir del auto a tiempo y también por esos hombres que por "casualidad" estuvieron cerca, los dos con extintores y con el valor para usarlos. Sobre todo, me sentí agradecida por las manos invisibles que me alejaron del fuego. Cuando me preguntan quién fue, les digo que fue mi ángel. No tengo ninguna duda de que Dios había puesto a mi ángel de la guarda en alerta especial ese día».

*Señor, te doy gracias por todas las veces que me has protegido y me has vigilado aun cuando yo no sabía que lo necesitaba. Cuando me sienta ansiosa y temerosa, ayúdame a recordar tu fidelidad al darme cuenta de que tus misericordias son nuevas cada mañana y que tu gracia es suficiente para cada día.*

# Un regalo mejor
# que los ángeles

~~

*«Señor —respondió—, no tengo a nadie que me meta en el estanque mientras se agita el agua, y cuando trato de hacerlo, otro se mete antes». «Levántate, recoge tu camilla y anda», le contestó Jesús.*

—Juan 5:7-8

Había manantiales minerales al este de Jerusalén que parecían poseer propiedades sanadoras. Se les conocía como el estanque de Betesda, y atraían a los incapacitados como el imán al hierro. El nombre Betesda quiere decir «casa de misericordia» o «casa de compasión». Los ciegos, los cojos y los paralíticos yacían día tras día al lado del estanque esperando que ese fuera el día en que recibirían sanidad. Los judíos creían que un ángel del Señor bajaba del cielo para revolver las aguas del estanque. La primera persona que entraba al agua una vez que se movía siempre recibía sanidad.

Sucedió que Jesús estaba caminando por esa zona un sábado y vio a un hombre que yacía cerca del estanque. Este hombre había sido inválido durante treinta y ocho años. Cuando Jesús le preguntó si quería ser sano, el hombre le aseguró que sí, aunque no tenía a nadie que lo ayudara a entrar en el agua cuando la revolvían. Entonces Jesús le dijo que se pusiera de pie, recogiera su lecho y caminara. Y el hombre hizo exactamente eso ante el asombro de todo el mundo.

Es interesante reflexionar en la experiencia del hombre. Él debe haberse sentido solitario y en desventaja. Los demás tenían amigos y familiares que podían ayudarlos a entrar en el estanque con rapidez. Pero él no tenía a nadie. Sus esfuerzos para arrastrarse hasta el estanque eran siempre muy pocos y muy tarde. Nunca estaba en el lugar oportuno en el momento oportuno para obtener el milagro que deseaba. A pesar de las desventajas todavía debe haber tenido esperanza porque persistía en venir al estanque.

Resultó que su esperanza recibió recompensa, aunque no de la manera que él había esperado.

Nadie lo levantó y lo llevó al estanque para sumergir su cuerpo quebrantado en las aguas sanadoras. En cambio, Jesús pronunció una orden sencilla para que se pusiera de pie otra vez.

Como el paralítico de Betesda, tal vez tú sientas que el milagro está atrasado. Tal vez hayas escuchado historias de personas que han viajado al otro lado del mundo a algún lugar santo o que han recibido la oración de alguien que dice tener poder sanador. Te preguntas si solo es una cuestión de estar en el lugar oportuno en el momento oportuno. Como el paralítico, tal vez sientas que no tienes a nadie cuyas oraciones te acercarán a un milagro. Si es así, anímate con la historia de este hombre. A pesar de la larga demora, todavía esperaba que Dios tuviera misericordia de él. Y Dios la tuvo. En vez de enviar un ángel a sanarlo, envió a su único Hijo, un regalo mejor que los ángeles.

*Señor, mi fe no es verdadera fe si depende de que tú hagas un milagro para mí o para alguien a quien amo. Sin embargo, creo que los milagros ocurren. Por eso te pido que consideres mi oración con compasión y que me concedas los deseos de mi corazón. Si tu respuesta es sí o no, ahora o más tarde, confío en que tú me escuchas, que entiendes mi angustia y que actuarás con compasión.*

# Un ángel en un avión

~

*Vuelve a mí tu rostro y tenme compasión, pues me encuentro solo y afligido.*

—Salmo 25:16

Gloria Thompson trabajaba en el departamento de ventas de una gran compañía en el suroeste de los Estados Unidos. Era una viajera incesante que pasaba muchas horas en los aviones cruzando el país en todas direcciones. En el transcurso de sus viajes había tenido encuentros interesantes con otros pasajeros, pero ninguno parecido al que estaba a punto de experimentar ese viernes en octubre de 1995.

Acababa de abordar un vuelo en dirección a Detroit cuando un hombre de mediana edad se sentó a su lado. Lo miró solo por un instante, pero tuvo la impresión de que el hombre estaba muy angustiado, a pesar de la sonrisa en su rostro. Murmuró una oración silenciosa pidiendo que Dios protegiera al hombre de la tentación de suicidarse. «Esto es una locura —pensó—. Ni siquiera conozco al hombre. De todos modos, supongo que la oración no perjudica».

El avión estaba a punto de partir cuando el hombre se volvió y le preguntó que si este era el vuelo hacia Duluth. Alarmada, ella le respondió que era el vuelo hacia Detroit, Michigan, no a Duluth, Minnesota. Le recomendó que verificara con la aeromoza de inmediato si pensaba que había tomado el vuelo equivocado. Pero el hombre parecía paralizado por la confusión. Le explicó que había aceptado un trabajo como representante regional de ventas para una compañía que él pensaba que se encontraba en Duluth. Pero que quizás estuviera en Detroit. No estaba seguro. Sacó su boleto, que estaba emitido para Detroit. Una rápida llamada telefónica a su nueva compañía confirmó que estaba en el vuelo correcto.

Era claro que el hombre tenía problemas. Se presentó como Dick y comenzó a hablar con franqueza, quizá pensando que ella necesitaba una explicación por su conducta confusa. Hacía años lo habían considerado maniaco depresivo. Ahora estaba al borde de la desesperación. Hacía cuatro días que no comía y no tenía donde vivir ni dinero para mantenerse. Su familia en Dallas se había negado a sacarlo del apuro una vez más, tan frustrados estaban con su conducta. De alguna manera había conseguido un empleo con la compañía en Detroit y habían estado de acuerdo en que viajara para unos días de orientación. Tendría que pagar sus gastos de viaje de su primer sueldo. De todos modos, no estaba seguro de si aceptaría el empleo. Experiencias pasadas le habían enseñado que su depresión y ansiedad se precipitaban fuera de control cada vez que pasaba muchas horas viajando solo, que era exactamente lo que exigía el nuevo empleo. Su terapeuta le había recomendado que se quedara en Dallas. Sin embargo, él había rechazado ese consejo porque vivir en Dallas hubiera significado entrar en un albergue para hombres desamparados. Él sabía que estaba huyendo de sus problemas, pero se sentía atrapado y desesperado. Nunca se había sentido tan desesperanzado y atemorizado como esa noche en su vuelo hacia Detroit.

Mientras hablaban admitió que había albergado pensamientos de suicidio. Quizás eso pondría fin a su tormento. Gloria habló con Dick durante todo el vuelo y trató de animarlo lo mejor que pudo. Cuando él le preguntó si pensaba que debía buscar terapia de emergencia en Detroit, ella consintió en ayudarlo. Parecía incapaz de tomar decisiones por sí mismo. Gloria había planeado pasar el fin de semana con su familia que vivía en la zona, antes de la semana llena de reuniones en la ciudad. Pero ella sabía que podía ser flexible con sus planes ese viernes en la noche, sobre todo si significaba ayudar a alguien con problemas.

Necesitó unas cuantas horas para obtener la clase de ayuda que Dick necesitaba. No obstante, se sintió feliz de haber hecho el esfuerzo. Bajo la dirección de los consejeros, él fue admitido a un hospital siquiátrico donde recibió medicamentos para ayudarlo a controlar su depresión y ansiedad. En la semana que siguió, Gloria permaneció en contacto con él por teléfono y lo visitó en el hospital siquiátrico antes de regresar a su hogar en Colorado. Se sorprendió de saber que el personal del hospital sabía acerca de ella y que las enfermeras le decían a Dick que él tenía ángeles que lo cuidaban.

Dick estuvo en Detroit durante un mes. Mientras estuvo allí, dos de los hermanos de Gloria hicieron todo lo que pudieron para hacerse sus amigos.

Pasaron horas hablando con él, animándole a enfrentar sus problemas. Con renuencia, Dick regresó a Dallas para encarar las consecuencias. Cuando lo hizo, uno de sus hermanos lo recibió en la estación del ómnibus. Con la ayuda de su hermano y un amigo que le prestó algún dinero para ayudarlo a recuperarse, Dick pudo encontrar un lugar donde vivir, que en definitiva era mejor que vivir en la calle.

Desde entonces, Dick y Gloria han hablado por teléfono varias veces. No es de sorprenderse que Dick tenga sus altos y bajos. Gloria sabe que él de ningún modo está fuera de peligro por completo. Aunque no sabe si Dick será capaz de darle un nuevo rumbo a su vida, espera que por lo menos haya superado un punto crítico importante. Sin embargo, de una cosa está segura: Dios ha cambiado a un extraño necesitado en un amigo por quien ella continúa orando.

Cuando Gloria regresó del viaje a Detroit pensó en lo que había sucedido en el avión aquel día. Había orado por un extraño, no sabiendo que Dios la invitaría a ella y a sus dos hermanos a ser parte de la respuesta a esa oración. Más tarde, cuando visitó a Dick en el hospital siquiátrico antes de regresar a su hogar, observó que él usaba un pequeño alfiler con un ángel en el cuello de su camisa. Cuando Dick le explicó que un pasajero en el vuelo anterior se lo había dado, ella no pudo evitar una sonrisa. ¡Cuán característico de Dios enviar una señal de su amor! No importa lo que Dick enfrentara en los días y los meses por venir, ella sabía que los protectores celestiales no estarían muy lejos.

*Padre, me maravilla que tú nos entretejes en la trama de tus milagros. Tan a menudo canalizas tu ayuda a través de nosotros, más bien que echarnos a un lado para cumplir tus propósitos. Mientras intercedemos, que estemos dispuestos a ser parte de tu respuesta a nuestra oración por los demás, sin importar lo desesperada que sea la situación. Al final, Señor, el resultado está en tus manos.*

## 17

# MILAGROS DE VIDA Y MUERTE

*Hay solo dos maneras de vivir. Una es como si nada fuera
un milagro. La otra es como si todo fuera un milagro.*

—ALBERT EINSTEIN

Cuando yo era niña, alguien me dio un collar extraño. Era una cadena de plata de la que colgaba un pequeño globo redondo de cristal. Dentro del cristal había una semilla pequeña. Me encantaba contemplar con detenimiento la semilla, preguntándome cómo había quedado atrapada dentro del cristal. Pero en realidad, me hubiera gustado aun más si el cristal hubiera encerrado algo en realidad interesante, como un abejorro, o un mosquito. No me daba cuenta de que mi nuevo adorno estaba diseñado para recordarme las palabras de Jesús: «Les aseguro que si tienen fe tan pequeña como un grano de mostaza, podrán decirle a esta montaña: "Trasládate de aquí para allá", y se trasladará. Para ustedes nada será imposible».

¿Pero cuáles son estas montañas de las que Jesús habla? ¿Está animándonos a reorganizar el paisaje circundante, moviendo montañas como si fueran muebles en una sala? Bueno, lo dudo. En cambio, pienso que está diciendo que hasta la más pequeña cantidad de fe puede crear terremotos espirituales. Estos terremotos a veces suceden en familias, donde una persona ora por la conversión del resto. O en comunidades, donde diferentes individuos reciben el toque del poder y el amor de Dios. A veces tienen que ver con asuntos de vida o muerte, y en otras ocasiones estremecen las cosas de una manera más gradual y silenciosa.

Si sabes de montañas en particular que deben quitarse, recuerda el papel que desempeña la fe. Mientras lees las historias siguientes, espero que fortalezcan la fe que ya tienes para que tú también puedas experimentar un milagro en tu vida.

# Un milagro que desafía la muerte

⁓

*«Quiten la piedra», ordenó Jesús. Marta, la hermana del difunto, obje-*
*tó: «Señor, ya debe oler mal, pues lleva cuatro días allí». «¿No te dije que*
*si crees verás la gloria de Dios?», le contestó Jesús [...] Dicho esto, gritó*
*con todas sus fuerzas: «¡Lázaro, sal fuera!». El muerto salió, con vendas*
*en las manos y en los pies, y el rostro cubierto con un sudario. «Quítenle*
*las vendas y dejen que se vaya», les dijo Jesús.*

—JUAN 11:39-40, 43-44

Me vi por primera vez cara a cara con la muerte cuando tenía nueve años. Y no me gustó lo que vi. La madre de mi papá había muerto y llegamos a la funeraria para acompañarla por última vez. Poco después de llegar, vi a mi abuelo que se inclinaba sobre el féretro para besar a mi abuela, que yacía inerte y pálida. Me imagino que fue un momento tierno, pero me atemorizó. Alguien me preguntó si yo quería besarla, pero dije que no. El exceso de maquillaje sobre su piel la hacía lucir gris y fría como una piedra. Lo mejor que pude hacer fue recitar una oración silenciosa frente al féretro.

Al día siguiente llegamos a casa de mi abuelo antes del funeral. Tan pronto como entramos por la puerta, me quedé sin habla. Allí en el sofá estaba sentada mi abuela, con doce kilos menos, ¡pero llena de vida! Yo podía oír su voz otra vez, reconocer su gesto peculiar cuando sacudía las cenizas de su cigarrillo. Su piel lucía rosada, y fresca y suave en contraste con su pelo negrísimo. Pero antes que pudiera correr y abrazarla, alguien me la presentó como mi tía abuela Leonore. Ni siquiera estaba enterada de que mi abuela tenía una hermana, mucho menos que fuera idéntica a ella. Desde luego que me alegré de conocer a mi tía, pero me sentí abatida por mi error infantil. Después de todo, las personas no resucitan de entre los muertos. ¿Qué había estado pensando?

Sin embargo, desde aquel entonces he llegado a creer que a veces las personas sí se levantan de la tumba. En el caso de Marta y María, ellas no sufrieron de un caso de identificación errónea. Su hermano Lázaro en realidad salió del sepulcro, lento y rígido, por cierto. Pero no había dudas de que estaba vivo otra vez.

No obstante, ellas habían dudado de que Jesús hiciera el milagro. María se había postrado a los pies de Jesús llorando porque había llegado demasiado tarde para sanar a su hermano. Y Marta se resistió cuando él ordenó que quitaran la piedra del sepulcro. «Señor, ¿no te das cuenta de que ha estado muerto por cuatro días? ¡Si se abre el sepulcro va a haber mal olor!». Pero Jesús insistió y sucedió lo imposible.

Este milagro increíble es una señal de esperanza para todos los discípulos de Cristo en todos los tiempos de la iglesia. Sin la seguridad de que viviremos para siempre, la sanidad tendría muy poco valor. Sería solo una táctica dilatoria, aplazando la aniquilación por unos momentos, días o años. Inevitablemente, nuestro corazón un día se detendrá, nuestros pulmones bombearán la última molécula de oxígeno y nuestro cerebro será incapaz de un pensamiento más. No obstante, ese no será nuestro final. Puesto que el Espíritu de Jesús mora en nosotros, escucharemos su voz llamándonos y nuestro último enemigo, la muerte, al fin será absorbida por la vida. Cuando esto suceda, pienso sentarme al lado de mi abuela, abrazarla y decirle lo contenta que estoy de verla.

*Jesús, no nos sorprende que a María y Marta les fuera difícil creer. Lo que tú pedías es que tuvieran suficiente fe para quitar la piedra del sepulcro. Perdona mi escepticismo y quita la piedra de incredulidad de mi corazón. Cuando el momento llegue, concédeme la gracia de una muerte apacible.*

# EL MILAGRO DE UNA
# MUERTE FELIZ

*Mucho valor tiene a los ojos del Señor la muerte de sus fieles.*

—SALMO 116:15

*¿No se venden dos gorriones por una monedita? Sin embargo, ni uno de ellos caerá a tierra sin que lo permita el Padre; y él les tiene contados a ustedes aun los cabellos de la cabeza. Así que no tengan miedo; ustedes valen más que muchos gorriones.*

—MATEO 10:29-31

Joan Lindeman y su esposo Don vivían en Almond, Nueva York. Habían estado casados durante cuarenta años, pero su tiempo juntos estaba llegando al final. Hacía seis meses que a Don le habían diagnosticado que sufría la enfermedad de Alzheimer. El pronóstico era horripilante. En la mente de Joan, el futuro amenazaba como una sentencia de muerte que pendía sobre su esposo. Vivo en el cuerpo, pero muy lejano en el espíritu.

El sentimiento de pérdida de Joan se agudizaba con el hecho de que uno de sus hijos había muerto dos semanas antes del traslado de Don a un hogar de ancianos que quedaba a treinta kilómetros de distancia. Todas las tardes ella lo visitaba. Las lágrimas humedecían sus oraciones cada vez que viajaba los treinta kilómetros que los separaban. Sabiendo que los pacientes de Alzheimer a menudo viven muchos años, ella clamaba a Dios pidiéndole que amparara a Don de este sufrimiento prolongado. *El día que no me conozca será el más triste de mi vida,* pensaba ella.

«Una mañana estaba hablando con mi hijo que vive en la Florida. Él sabía la presión bajo la que yo había estado y me llamaba con frecuencia para saber cómo nos iba a su papá y a mí. Era un consuelo tan grande hablar con él que por lo general charlábamos por más de media hora. Sin embargo, al poco rato de estar hablando tuve un impulso irresistible de colgar y dirigirme al hogar de ancianos. Tan pronto como colgué el auricular, mi nuera llamó. Ella todavía estaba sufriendo por la muerte de su esposo, mi otro hijo. Yo estaba tan consciente de su dolor que no quería interrumpirla, pero sabía que tenía que llegar al hogar de ancianos. "Esto no tiene sentido —pensé—. Don estaba bien cuando lo dejé ayer. Pero estoy segura de que me necesita".

»Tan pronto como llegué, una enfermera me hizo señas. Donald estaba enfermo. El médico que acababa de examinarlo no podía explicarse por qué su temperatura había subido de repente. Quizá tuviera un ataque de influenza.

»Corrí hacia la habitación, sorprendida de ver a mi esposo que yacía en la cama con su rostro blanco como una sábana y empapado en sudor. Sin una palabra, tomó mi mano y me miró a los ojos buscando aliento. Le hablé con amor, secando la humedad de su rostro. Entonces murió en mis brazos.

»De haber ignorado el sentimiento de que me necesitaba, hubiera perdido la oportunidad de estar con Don cuando murió. Fue muy doloroso perderlo, pero me consolaba el pensamiento de que sus sufrimientos habían sido breves y que habíamos estado juntos en el momento que abandonó esta tierra. Los médicos habían pensado que iba a vivir muchos años, pero Dios en su misericordia tenía otros planes. Por algún milagro del radar divino, Dios me puso al tanto de lo que estaba sucediendo para que yo pudiera estar allí cuando Don más me necesitaba».

*Padre, la muerte nunca es fácil. A menudo es una experiencia fea y dolorosa. Aterradora para los que mueren y para los que quedan. Pero me consuela saber que tú no nos abandonas cuando llega el momento de pasar de este mundo al otro. Tú sellas ese momento con tu misericordia, asegurándonos de que somos de más valor para ti de lo que podemos imaginar. Te pedimos que nos des una muerte que esté llena de tu paz y de tu presencia.*

# El milagro de un niño

~

*Porque yo sé muy bien los planes que tengo para ustedes —afirma el Se-
ñor—, planes de bienestar y no de calamidad, a fin de darles un futuro
y una esperanza.*

—Jeremías 29:11

Corría el año 1955. El doctor Jonas Salk era el hombre del año en Norteamérica. Su vacuna milagrosa estaba a punto de poner fin al terror que
acechaba a los niños del mundo, paralizando o matando a cientos de miles
de ellos durante cada epidemia sucesiva. Gracias a Salk, la polio pronto sería
tan poco frecuente en el mundo desarrollado como la plaga bubónica. Millones de niños en todos los Estados Unidos serían los primeros en beneficiarse.

Por desdicha, Marilyn Graven Smith no era una de ellos. Hija de misioneros norteamericanos, estaba entusiasmada esperando la Navidad en su
hogar en Phnom Penh, Cambodia. Ni ella ni sus padres tenían la menor idea
de la angustia por la que iban a atravesar en los días siguientes.

«Estaba sentada en la sala un lunes por la noche cuando de repente mi
cuello empezó a ponerse rígido. Estaba tan tenso que no podía ni siquiera
moverlo. Me dolía la cabeza, estaba febril y me resultaba difícil hablar. El
martes mi padre me llevó al médico de la familia, quien de inmediato me
internó en el hospital. Él sospechaba que era polio, pero trató de aminorar el
golpe diciendo que podía ser meningitis.

»El miércoles por la mañana un especialista francés que estaba viajando
por Asia para estudiar la epidemia de polio, se detuvo para verme y más tarde
confirmó el diagnóstico. Era polio bulbar.

»Al mismo tiempo, el presidente regional de la misión envió un cable
a la oficina nacional en Nueva York pidiendo que oraran por Marilyn Graven, de diez años, que estaba a punto de morir. Los telegramas cruzaron los
continentes y las personas en muchas partes del mundo rogaron a Dios por
un milagro.

»Ya el miércoles por la noche mi lado derecho estaba paralizado del cuello hacia abajo y nadie podía entender una palabra de lo que decía. No lo sabía, pero cuando me dormí esa noche nadie en el hospital esperaba que me despertara al día siguiente.

»Cuando mi médico entró en mi habitación el jueves por la mañana se asombró de verme sentada en la cama, hablando con rapidez en un ingles mucho mejor. Como una prueba más, me pidió que me levantara y caminara hacia la puerta. Yo estaba tan ansiosa de demostrar que estaba bien que atravesé la habitación corriendo y casi pierdo el equilibrio. Desde luego, todavía estaba débil por lo ocurrido en los últimos días, pero la parálisis había desaparecido de manera definitiva.

»Mi médico de familia era agnóstico, pero cuando papá le preguntó si mi recuperación era un milagro, solo sacudió la cabeza y respondió: "Sin duda, sin duda". La noticia de mi caso pronto se divulgó a través del sureste de Asia. Yo había sobrevivido a una enfermedad mortal mediante el poder de la oración.

»Estaba segura de que Dios había salvado mi vida aquella noche. Como hija de misioneros, con frecuencia adultos con muy buenas intenciones me preguntaban si yo quería ser misionera cuando creciera. Mi respuesta era siempre rápida y definida. Lo último en el mundo que sería era misionera. No quería ni siquiera considerarlo. Sin embargo, cuando Dios me sanó, me di cuenta de que no me correspondía a mí decidir mi futuro. Él me había guardado con vida por una razón. Supe que él tenía un plan para mi vida y no quería perderlo. No mucho tiempo después, comencé a entusiasmarme con la idea del trabajo misionero. Por último, terminé sirviendo con mi esposo en Perú y Ecuador».

Marilyn Graven fue una niña afortunada. Mediante la misericordia de un Dios amoroso y el poder de la oración, la polio no pudo llevarse una de sus víctimas. Su historia nos recuerda que por muy desesperadas que sean nuestras circunstancias, Dios mismo tiene el futuro en sus manos.

*Padre, tú sostienes el mundo y todos sus habitantes están en tus manos. Tú nos creaste a cada uno de la nada y nos amas como la obra de tus manos. Cuando la desesperación nos tiente, permítenos recordar que tú eres el Señor de la vida y de la muerte. Ni siquiera un gorrión cae al suelo sin que tú lo sepas. Con esa seguridad, permítenos rendirnos al futuro, con la certeza de que ya sea que vivamos o que muramos, tú nos guardarás seguros.*

# UN MILAGRO DE ESPERANZA

*Que el Dios de la esperanza los llene de toda alegría y paz a ustedes que creen en él, para que rebosen de esperanza por el poder del Espíritu Santo.*

—ROMANOS 15:13

Brad y Judy Fletcher habían decidido trasladarse de una comunidad rural a una ciudad más grande a treinta y siete kilómetros. «Hicimos una oferta por una casa a tres puertas de nuestros amigos Bob y Liz —explicaba Brad—, pero el negocio no resultó porque nuestra casa no se vendía. Mientras tanto, alguien compró la casa a la que nosotros habíamos esperado trasladarnos. Sin embargo, Liz y Judy no se daban por vencidas. El cuatro de Julio distribuyeron volantes en el vecindario anunciando nuestro interés. Cuando pasaron por la calle Frederick 3612, Judy se detuvo por un momento y dijo: "Esa es la casa que nosotros tenemos que tener. No sé cómo, pero lo sé".

»Un sábado en septiembre recibimos una llamada sorpresiva de los propietarios de esa casa. En efecto, la segunda venta de la casa había fracasado. ¿Se había vendido nuestra casa? Sí se había vendido y sí estábamos interesados. La fecha para cerrar el compromiso de venta de la casa se fijó para el veintinueve de octubre. Si entonces llego a saber lo que sé ahora, hubiera escogido una fecha diferente.

»Durante varios meses yo había estado trabajando en un negocio multimillonario para mi compañía. Pronto descubrí que la fecha límite para la transferencia telegráfica de los fondos estaba también fijada para el veintinueve de octubre… en Baltimore. El tiempo era menos que ideal, pero mi padre consintió en tomar mi lugar y acompañar a Judy para cuando se cerrara el compromiso de venta de nuestro nuevo hogar.

»El veintiocho de octubre por la noche, Judy llevó a nuestras hijas, Julie y Kelly, a comer fuera para celebrar. Tan pronto como regresaron a casa, Judy se sintió enferma con lo que ella pensaba que era gripe o intoxicación. Sin embargo, era algo mucho peor. Por la mañana estaba en el piso vomitando. Tenía tanto dolor que le suplicaba a Dios que la dejara morir. Por fortuna, un asociado de negocios pasó por la casa para dejar algunos papeles relacionados con el cierre de la venta. Él se alarmó cuando vio a Judy y me llamó a Baltimore. Hablé con Judy por teléfono y me di cuenta de que algo terrible le pasaba. Estaba desorientada y no parecía saber qué estaba sucediendo. Arreglamos para que ingresara en el hospital de inmediato y salí a tomar el primer avión de regreso a casa.

»Traté de cobrar ánimo mientras entraba al hospital. Por un momento, me pareció que había entrado por accidente en el escenario de una película en su escena más trágica. La familia estaba llorando. Una trabajadora social estaba allí ayudando a preparar a las niñas para lo peor. Y el personal del hospital estaba tratando de mantener a la paciente viva hasta que su esposo llegara para pasar los últimos momentos solo con su esposa.

»El médico de Judy me explicó que estaba en estado de coma y con respiración artificial. Había tenido un paro respiratorio mientras la examinaban en la sala de emergencia. Si ella hubiera llegado unos minutos más tarde, ahora estaríamos hablando acerca de su funeral. El diagnóstico era meningitis espinal. Tenía hidrocefalia, lo que estaba produciendo una presión enorme en su cerebro. Sin embargo, el médico tenía la esperanza de lograr aliviar esa presión al colocar una válvula de derivación para ayudar a drenar el líquido. Yo había servido en una unidad de cuidados médicos intensivos durante mi período en la marina. Cuando entré en la habitación de Judy por primera vez, no pude evitar pensar que algunas de las personas que habían muerto en aquella unidad tenían mejor aspecto que ella.

»Más tarde llevé a Julie y a Kelly a la capilla para orar. "Niñas, su mamá va a vivir, aunque no sabemos dónde todavía. Ella va a vivir con nosotros en la nueva casa o va a vivir con Jesús en el cielo. Oremos por sanidad, fortaleza y gracia para aceptar la voluntad de Dios".

»El sábado el médico me informó que la mayoría de los pacientes en la condición de Judy morían o quedaban con una grave lesión cerebral. Me advirtió que quizá tendría que enfrentarme con la decisión de si debía quitarle la respiración artificial.

»Pero ni yo ni los demás estábamos dispuestos a renunciar a la esperanza. Los amigos alquilaron una camioneta y trasladaron las cosas a nuestro hogar. Aparecieron cacerolas con rica comida traída por amigos y vecinos. Muchas personas vinieron para arreglar el jardín y limpiar la casa. Hombres y mujeres de toda la ciudad estaban orando por la recuperación de Judy. Congregaciones enteras estaban intercediendo, y en poco tiempo la cadena de oración por Judy Fletcher se extendía a varios estados. Por suerte, nuestro nuevo hogar estaba a cinco minutos del hospital, y nuestra vecina, Liz, llegó a ser como una segunda madre para nuestras hijas. En realidad, Dios había destinado esa casa en la calle Frederick como nuestro nuevo hogar. Nuestra pequeña familia nunca se había dado cuenta de que había tanto amor en el mundo.

»Pero Judy continuaba en estado de coma. Para noviembre, su neurocirujano explicó que tenía dos alternativas: podía probar un medicamento que detendría la inflamación de su cerebro, pero entonces lo más probable era que quedara inválida; o podía extirpar parte de su cerebro para que la inflamación tuviera espacio y así ganar tiempo contra la enfermedad. Como soy una persona que siempre considero mis opciones con mucho cuidado, insistí en una tercera alternativa. Su médico me la dio: "No hacer nada y dejarla morir". Escogí la segunda opción.

»La operaron el día de Acción de Gracias y la familia y los amigos se reunieron en la sala de espera orando aún por un milagro. En un acto de fe, una de nuestras amigas se presentó con un árbol de Navidad, un poco de hilo y rositas de maíz. Nos puso a trabajar en las decoraciones. Era su manera de decir que Judy iba a sobrevivir la operación y que más valía que decoráramos el árbol en preparación para la Navidad. Mientras el cirujano estaba en una sala tratando de salvar la vida de Judy, esta mujer estaba en otra tratando de salvarnos de la desesperación.

»Judy sobrevivió la operación. Cuarenta y cinco días después salió del estado de coma. Llegó la Navidad y tuve el gozo de ver que la levantaron de la cama y la pusieron en una silla de ruedas por primera vez desde que había ingresado al hospital. Fue un espectáculo hermoso y triste a la vez. Sin embargo, recibí el mejor regalo de Navidad de todos. Tuve el gozo de sacar a mi esposa de cuidados intensivos para mostrarle el árbol de Navidad que habíamos decorado para ella el día de Acción de Gracias.

»Poco después pasó a una unidad de rehabilitación, aunque su pronóstico todavía era deprimente. No obstante nos resistíamos a dejar de esperar una sanidad total. En marzo la luz al final del túnel se hizo visible. Ella pudo dar unos pasos sin ayuda, su pelo había crecido un poco, y podía sostener una conversación coherente. Para asombro de todos, se recuperó por completo excepto por un poco de pérdida de la memoria. Cuando les pregunté a las enfermeras y a los médicos quién pensaban ellos que era el responsable de su sanidad, ninguno quiso adjudicarse ese mérito. Cuando les preguntaban acerca de la extraordinaria recuperación de mi esposa solo señalaban al cielo.

»Por fin, ciento cincuenta y cinco días después del comienzo de su enfermedad, llevé a Judy a casa. Era viernes santo, primero de abril de 1988. Pero de inmediato lo llamamos "el gran viernes"».

*Señor, en medio de la tragedia, oramos que nos des gracia para aferrarnos a dos cosas: nuestra esperanza en ti y nuestro amor mutuo. Con estos dos regalos saborearemos la victoria, pase lo que pase.*

# 18

# MILAGROS, NO MAGIA

*Por lo tanto, cada vez que se engaña a las personas y se forman
opiniones que distan de la verdad, es claro que el error se ha
introducido en sus mentes mediante algo que se asemeja a la verdad.*

SÓCRATES

A primera vista puede parecer que la magia y los milagros tienen mucho en común. Los dos llaman nuestra atención y nos causan admiración. Ambos dicen ser productos de poderes extraordinarios más allá de nuestro razonamiento. Pero en realidad, los milagros son tan diferentes de la magia como la Mona Lisa de sus numerosas falsificaciones.

Por un lado, la magia siempre busca deslumbrar. Hace notar las habilidades del mago y su pretendido poder sobre el mundo natural. Nos distrae y nos ciega con su brillantez.

En contraste, Jesús ni una sola vez actuó según el deseo de la multitud para entretenerla o deslumbrarla. Ni tampoco usó sus poderes milagrosos para engrandecerse. A veces hasta se empeñó en silenciar a las personas acerca de las cosas grandes que había hecho por ellas. Él sabía que muchos tenían hambre solo del fulgor espiritual, no del mensaje más profundo del evangelio. Estos eran quienes lo abandonarían para siempre cuando se dieran cuenta de que el sufrimiento y el sacrificio eran parte integral de su mensaje.

Las Escrituras afirman con claridad que Satanás mismo es capaz de hacer señales y maravillas. El libro de Apocalipsis predice que el anticristo satánico un día hará grandes «milagros» con la esperanza de extraviar a hombres y mujeres. Esas señales son solo para apuntalar el escenario de un evangelio falso, un evangelio que es atractivo para nuestro deseo de poder y para nuestra aversión al sacrificio personal. Es decir, que este es un evangelio que a la larga nos hace esclavos de la maldad.

Sucede todo lo contrario con los milagros auténticos. Ellos nos animan a aceptar todo el evangelio, tanto la parte que nos incomoda como la parte que nos atrae. En última instancia, las verdaderas maravillas señalan a un evangelio que tiene como su principal milagro la señal más grande de todas, la que llamamos la señal de la cruz.

Si encuentras que siempre estás buscando «señales y maravillas» para darle validez a tu fe, tal vez sea tiempo de hacer un profundo examen de conciencia. Pídele a Dios el don de la fe verdadera, que radica no en la acción o la inacción de Dios, sino en el fundamento inconmovible de su carácter y de su bondad. Abandona la búsqueda de sucesos extraordinarios. Y comienza a buscar a Dios para que se te revele en los sucesos corrientes de tu vida.

# El milagro de caminar sobre el agua

❧

*En la madrugada, [Jesús] vio que los discípulos hacían grandes esfuerzos para remar, pues tenían el viento en contra. Se acercó a ellos caminando sobre el lago [...] Los discípulos, al verlo caminar sobre el agua, creyeron que era un fantasma y se pusieron a gritar, llenos de miedo por lo que veían. Pero él habló en seguida con ellos y les dijo: «¡Cálmense! Soy yo. No tengan miedo».*

—Marcos 6:48, 49-50

Yo crecí con esquíes acuáticos en mis pies. Me encantaba la sensación estimulante de balancearme sobre el eslalon mientras me desplazaba rítmicamente sobre el agua. Un día, a mi hermano y a mí se nos ocurrió una idea emocionante. ¡Íbamos a tratar de esquiar descalzos! Durante mucho tiempo habíamos admirado a los estudiantes universitarios que vivían cerca del lago durante el verano. Los más atrevidos esquiaban descalzos llevados por botes poderosos. Decidimos comenzar con un esquí y después descalzarnos con elegancia, una vez que el bote hubiera alcanzado velocidad. Pero hubo poca elegancia en nuestro intento. Tan pronto como nos descalzamos el esquí, nos hundimos como rocas. En lugar de cruzar las olas sobre nuestros propios pies, nos tragamos la estela del bote mientras se alejaba a toda velocidad. No nos habíamos dado cuenta de que nuestro pequeño motor carecía de fuerza para mantener nuestros pies sin esquíes sobre las aguas.

Esa noche tormentosa en Galilea, Jesús manifestó un poder que está fuera del alcance de nuestra comprensión. No fue la magia de un hechicero sobre los elementos, sino el control del Creador sobre su propia creación. Sus discípulos estaban aterrorizados cuando lo confundieron con un fantasma. Es de notar que su respuesta atemorizada ocurre pocas horas después del milagro de la multiplicación de los panes y los peces. Su fe se había fortalecido mientras pasaban el pan y el pescado, pero no lo suficiente para igualar la inmensidad del poder de Jesús.

Nos ocurre lo mismo a nosotros. Tal vez hayamos visto uno o dos milagros. Sabemos por experiencia propia que Dios nos ama y cuida de nosotros. Sin embargo, en medio de la noche, cuando la tormenta ruge con más furia, todavía clamamos con temor.

¿Cómo respondió Jesús a los clamores temerosos de los discípulos? ¿Les dijo que se esforzaran y dejaran de ser bebés? No, les dijo que tuvieran valor. Entonces se subió al barco y calmó el viento. Y esa es la manera en la que él nos trata, dándonos una palabra de valor, asegurándonos de su presencia y tranquilizando nuestra alma. Tal vez sintamos que estamos solos en una noche oscura, en medio de un mar furioso, pero la verdad es que Dios nos ve dondequiera que estemos y sin que importe por lo que estemos atravesando. De la misma manera como Jesús caminó sobre el agua para venir a los discípulos, él puede usar los mismos problemas que experimentamos para venir a nosotros y calmar nuestros temores.

*Señor, mi fe es muy pequeña y tu poder es muy grande. ¿Cuándo me entrará esto en la cabeza y en el corazón? Que cada año que pase, el abismo entre mi fe y tu fidelidad disminuya, para que yo pueda en realidad vivir mi vida por fe más bien que por vista. Mientras tanto, te doy gracias porque me consuelas y me aseguras de tu amor aun cuando tengo tan poca fe.*

# Un acto de magia

~

*Habiendo reunido a los doce, Jesús les dio poder y autoridad para expulsar a todos los demonios y para sanar enfermedades.*

—Lucas 9:1

Ed Allen y sus jóvenes amigos estaban actuando en medio de un enorme centro comercial subterráneo. Estaban pasando unos meses en Europa y habían formado una banda cristiana con la esperanza de interesar a otros jóvenes en el evangelio. En diferentes lugares del centro comercial se realizaban toda clase de actuaciones descabelladas: malabaristas, magos, todo lo que se pueda imaginar. Ed y sus amigos actuaban gratis, pero casi todos los demás hacían una colecta para poner pan en la mesa.

«Mientras tomábamos un receso de nuestro acto —explicaba Ed—, otro amigo vino corriendo hacia nosotros y nos dijo: "Tienen que venir ahora mismo". No sabiendo qué esperar, lo seguimos a otra parte del centro comercial. Una multitud se había reunido alrededor de un acto extravagante en particular. No podíamos estar seguros, pero los dos actores parecían ser de la India. Cuando uno de los hombres cayó como en un trance, el otro le entregó lo que parecían ser agujas de tejer. La multitud dio un grito ahogado mientras el primer hombre clavaba las agujas en su cuerpo sin ninguna señal de dolor aparente. Las personas estaban definitivamente impresionadas, pero nosotros estábamos alarmados. Conocíamos la diferencia entre magia y milagros. El Dios en el que creíamos no hace las cosas solo como una exhibición ni tampoco exige que las personas mutilen sus cuerpos. Es cierto que había poder aquí, pero no era una forma benigna de poder espiritual.

»Como estábamos parados detrás de la multitud, nos arrodillamos y le pedimos a Dios que hiciera algo. Cuando nos paramos, vimos que el asistente le dio al hombre otra aguja. Una vez más trató de forzarla en su palma. Sin embargo, esta vez no sucedió nada. Volvió a tratar sin resultado. En vez de penetrar su cuerpo, la aguja en realidad se doblaba contra su carne desnuda.

No había manera de que penetrara. En este momento, el asistente se puso inquieto, y sacudió al hombre para sacarlo del trance. Miraron alrededor con temor, recogieron sus cosas y corrieron».

Ed y sus amigos tuvieron un encuentro que nunca olvidarán. Era claro que un poder estaba obrando para capacitar al hombre en trance a mutilarse sin ninguna señal de dolor ni siquiera malestar. Sin embargo, ellos creyeron que era un poder maligno para seducir a la multitud y sus oraciones parecen haber demostrado que tenían razón.

Poco después de escuchar su historia, yo estaba mirando un canal educativo por la televisión. Estaban mostrando un documental acerca de una secta religiosa en una región remota de China. No pude evitar pensar en la historia de Ed mientras observaba a las personas que forzaban agujas, cuchillos y sierras de una pulgada a través de sus bocas, mejillas y lenguas. Aunque sangraban, no mostraban señales de dolor. ¿Qué clase de Dios, me preguntaba, exigiría de sus seguidores esta clase de desfiguración sin sentido?

¿Cómo puede uno saber la diferencia entre la magia y los milagros? A menudo la primera es solo una sencilla muestra de poder. No logra nada más que llamar la atención a sí misma. Los milagros, por otro lado, pueden mostrar poder; pero es poder al servicio de un bien mayor. El hecho de que alguien parezca poseer conocimiento o poder extraordinarios no quiere decir que uno debe escucharlo. Y que sea fraude o realidad no es lo que importa. Proviene del engaño que solo conduce a la esclavitud.

*Señor, tú eres el camino, la verdad y la vida. Cuanto más te conocemos, tanto mayor es nuestra libertad. Tus milagros traen esperanza y sanidad, no engaño y desfiguración. Líbranos de todo espíritu falso y engañoso y guíanos a la luz de tu presencia.*

# Muéstrame un milagro

~

*El Señor les dijo a Moisés y a Aarón: «Cuando el faraón les pida que hagan un milagro, le dirás a Aarón que tome la vara y la arroje al suelo ante el faraón. Así la vara se convertirá en serpiente».*

—Éxodo 7:8-9

Un amigo de mi abuelo era un mago aficionado. Nos deleitaba con sus trucos maravillosos que ejecutaba con aparente facilidad. Mi truco favorito era el del palillo de dientes roto. Él cubría el palillo con un pañuelo. Entonces me pedía que sostuviera el pañuelo y partiera el palillo en dos. Todas las veces, yo retorcía esa pequeña astilla de madera con gran energía para tener absoluta seguridad de que estaba partida. Y todas las veces con su magia él hacía aparecer debajo del pañuelo un palillo entero. En aquella época era fácil asombrarme.

Los magos de la corte de Faraón parecían poseer artes mágicas mucho más impresionantes que esta. Todo comenzó cuando Moisés y Aarón fueron a hablar con Faraón afirmando que tenían un mensaje de Dios. Faraón debía libertar a los esclavos hebreos para que pudieran adorar a su Dios. ¿Pero por qué iba Faraón a creerle a Moisés? ¿Y qué le importaba a él el Dios de Moisés? Dame una prueba, exigió Faraón, y muéstrame un milagro.

De manera que Aarón lanzó su vara sobre la tierra y se convirtió en una serpiente. Entonces Faraón llamó a sus propios magos y les ordenó hacer lo mismo. Cada hombre lanzó su vara y cada vara se convirtió en una serpiente. Sin embargo, al parecer, no todas estas serpientes fueron creadas iguales. La de Aarón se tragó a las demás con rapidez.

¿Qué sabiduría podemos sacar de esta historia? ¿Fue un simple equivalente antiguo del juego de tira y afloja de la cuerda o tiene implicaciones para nosotros hoy día? Puede ser de ayuda darnos cuenta de que en las Escrituras la vara es a menudo un emblema del poder divino. Y la serpiente un símbolo de Satanás. En esta contienda inicial entre Moisés y Faraón, la autoridad de

Dios se establece sobre el poder fraudulento y maligno de Satanás. Los magos de Faraón parecían poseer la misma clase de poder sobrenatural. Pero ellos no podían igualar el poder mayor de Dios.

Qué apropiado que Moisés y Aarón hayan ganado esta primera contienda con su enemigo. Quizá su victoria tuviera el propósito de animarlos a ellos tanto como atemorizar a Faraón. Después de todo, ¿cómo podían dos hombres insignificantes desafiar el poder del vasto imperio egipcio y vivir para contarlo?

En la actualidad sigue la misma contienda encarnizada entre Dios y Satanás. Las autoridades impías procuran esclavizar a la gente en su propio pecado y en los pecados de los demás. Un hombre abandona a su amante cuando descubre que está embarazada, a un político se le acusa de robar el dinero de los impuestos, un niño es víctima de violación sexual, una esposa engaña a su esposo, un líder religioso llama demonios a sus enemigos. Nuestros pecados son muy atroces para pasarlos por alto. Sin embargo, Cristo está listo con su poder para libertarnos. Lo único que tenemos que hacer es pedírselo y después hacer lo que él nos diga.

*Padre, tú deseas nuestra libertad aun más de lo que nosotros la deseamos. Escucha el clamor de los débiles y de los oprimidos. Conmuévete por lo que ves. Extiende tu mano y arráncanos de las garras de la maldad. Tráenos entonces a la tierra prometida de tu presencia, donde conoceremos lo que es ser verdaderamente libres.*

# Los milagros sí ocurren

~≈~

*Ya desde antes había en esa ciudad un hombre llamado Simón que,
jactándose de ser un gran personaje, practicaba la hechicería y asom-
braba a la gente de Samaria. Todos, desde el más pequeño hasta el más
grande, le prestaban atención y exclamaban: «¡Este hombre es al que
llaman el Gran Poder de Dios!» Lo seguían porque por mucho tiempo
los había tenido deslumbrados con sus artes mágicas.*

—Hechos 8:9-11

Briege McKenna es una monja católica con un ministerio de sanidad extraordinario. Ella relata la historia de su vida en el libro *Miracles Do Hap-
pen* [Los milagros sí ocurren]. Antes de su ministerio tuvo un encuentro con
un hechicero moderno que le enseñó una lección esencial. A instancia de sus
amigos, ella consultó a un hombre que otros afirmaban que era un «profeta». Parecía poseer poderes extraordinarios y podía decirles a las personas
cosas que solo ellas sabían acerca de su vida. Durante su visita al hombre se
sentía cada vez más incómoda. A pesar de eso, lo consultó otra vez. Mientras
hablaban se dio cuenta de que el hombre estaba tratando de destruir su fe y
comenzó a entender la gravedad de su falta. «En primer lugar, no debí ir a
ver a un "profeta". Estaba tratando de ver el futuro. Era como la adivinación,
como buscar un dios falso. Estaba haciendo lo que Dios dijo en el primer
mandamiento que no hiciéramos: "No tengas otros dioses además de mí".
Debo dejar todo el futuro en manos de él. En segundo lugar, tenía que aprender la diferencia entre juzgar y discernir. La primera vez que fui al profeta, yo
sabía que algo andaba mal, pero pensé que no debía juzgarlo».

Lo que sucedió fue que el Señor libró a Briege de su encuentro con la
magia, y en cambio, hizo un milagro maravilloso en su vida. Ocurrió el nueve
de diciembre de 1970. Antes de eso, le habían diagnosticado que tenía una
artritis reumática tan severa que tuvo que permanecer hospitalizada durante
varios meses. Briege hasta usó botas de yeso por un tiempo para evitar que

sus pies se deformaran. Pero en realidad nada dio resultado. Un día decidió asistir a un culto de oración. Aunque trajo una lista de peticiones de oración, la sanidad física no era una de ellas. Mientras esperaba que alguien orara por ella, cerró sus ojos y sintió una mano sobre la cabeza. Sin embargo, cuando miró no había nadie a la vista. «Había un poder que recorría mi cuerpo... Me sentí como un plátano sin cáscara. Miré hacia abajo. Los dedos de las manos habían estado rígidos, pero no deformados como mis pies. Había habido llagas en mis codos. Me miré a mí misma. Mis dedos estaban flexibles, las llagas habían desaparecido y podía ver que mis pies, en las sandalias, ya no estaban deformados. Salté gritando: "¡Jesús, tú estás aquí!"».

Hoy es una mujer gozosa y llena de energías. Desde entonces, miles de personas se han beneficiado de su ministerio, que la ha llevado a los rincones más remotos de todo el mundo.

Imagínate qué hubiera sucedido si Briege hubiera escuchado al profeta falso. Sería una mujer desprovista de fe y de esperanza, todavía paralizada por una cruel enfermedad. En cambio, escapó de los lazos del enemigo para convertirse en una emisaria del amor de Dios.

*Padre, protégeme de los engaños del mal, sobre todo cuando se disfraza del bien. Nunca permitas que mi curiosidad me conduzca a lugares donde no debo aventurarme. Perdóname por cualquier manera en que haya tratado de saber más acerca del futuro de lo que tú me has revelado. Una vez más entrego mi vida en tus manos, confiando en que tu voluntad me dará la gracia que necesito para cada día.*

19

# MILAGROS DE LIBERACIÓN

❧

*Este pobre clamó, y el Señor le oyó y lo libró de todas*
*sus angustias. El ángel del Señor acampa en torno a*
*los que le temen; a su lado está para librarlos.*

—SALMO 34:6-7

Es sorprendente que yo ame los animales. Cuando tenía cuatro años, un feroz gran danés me inmovilizó en el suelo. Si mi vida cruzó como un relámpago ante mis ojos en esa ocasión, era muy corta para recordar la experiencia. Sin embargo, nunca olvidaré los enormes dientes amenazadores y los ojos furiosos a una pulgada de mi nariz. Ni tampoco olvidaré el alivio que sentí cuando mi hermano mayor me rescató y persiguió al monstruo haciéndolo huir.

Es así como me siento cuando pienso acerca de la manera en que Dios liberta a su pueblo. Las Escrituras nos advierten que estemos vigilantes porque nuestro enemigo, el diablo, anda como león rugiente buscando a quién devorar. No se tú, pero el pensamiento de que me puedan comer viva es suficiente para echarme a perder el día. En realidad, siempre me he sentido agradecida de que los humanos estén a la cabeza de la cadena alimenticia y no un poco más abajo.

Pero en el mundo espiritual, la triste verdad es que estamos rodeados de depredadores. Por suerte, el poder que nos protege de esos enemigos es mucho mayor que el de ellos. Mientras creamos en Cristo, no tenemos que temer. Lo único que nos pide nuestro libertador es que cooperemos con él mediante nuestra fe y viviendo en obediencia a él. Sabiendo esto, podemos regocijarnos con el salmista:

> Aun si voy por valles tenebrosos, no temo peligro alguno porque tú estás a mi lado; tu vara de pastor me reconforta. Dispones ante mí un banquete en presencia de mis enemigos. Has ungido con perfume mi cabeza; has llenado mi copa a rebosar. La bondad y el amor me seguirán todos los días de mi vida; y en la casa del Señor habitaré para siempre (Salmo 23:4-6).

# El milagro de muchísimas ranas

~

*Si no los dejas ir, infestaré de ranas todo tu país. El Nilo hervirá de ra-
nas, y se meterán en tu palacio, y hasta en tu alcoba y en tu cama, y en
las casas de tus funcionarios y de tu pueblo, y en tus hornos y artesas.*

—ÉXODO 8:2-3

Por más años de los que podían recordar, los israelitas habían sido esclavos en Egipto. Ellos hablaban entre sí acerca de los padres de su raza: de
Abraham, Isaac y Jacob, y de José que una vez había sido grande en Egipto y
quien, en su lecho de muerte, había profetizado la liberación del pueblo. Se
decía que estos hombres habían hablado con Dios mismo.

Sin embargo, Dios ahora estaba en silencio. Es decir, en silencio hasta
que Moisés, el hijo hebreo de la hija de Faraón, regresó del exilio en el desierto afirmando haber hablado con Dios. Les habló de libertad de la tiranía de
Egipto y de una tierra prometida donde vivirían en paz y seguros. Y ahora él
y su hermano Aarón estaban en pugna con la sagacidad de los magos de Faraón, intentando convencer al tirano que dejara ir al pueblo de Dios.

Pero Faraón era terco. Se negó a escuchar a Moisés y a Aarón aun después que convirtieron las aguas del río Nilo en sangre. Ahora prometieron
una plaga de ranas si Faraón no transigía. Y no transigió. De manera que las
ranas vinieron por miles y cubrieron la tierra. Estaban dondequiera: en los
hornos, en las camas, por donde la gente caminaba, y hasta en el pan y el
agua. Entonces, tan de repente como aparecieron, las ranas se murieron. De
un extremo al otro de la nación, Egipto hedía con ellas.

Los israelitas deben haber disfrutado de la ironía de esta plaga. Ellos sabían que los egipcios adoraban la rana como un ídolo sagrado, el dios de
la fecundidad. Ahora el Dios de Israel estaba restregándoles la nariz en su

idolatría. ¿Dónde estaba este poderoso dios de Egipto cuando el verdadero Dios mostró su poder?

Las Escrituras nos dicen que después que las ranas murieron, Faraón endureció su corazón negándose a escuchar a Moisés y a Aarón. En toda la Biblia «endurecer el corazón» significa rechazar a Dios en favor de cualquier otra cosa. Mientras que la obediencia ablanda el corazón, el pecado lo endurece. Cuanto más el corazón desatiende a su Creador, tanto menos susceptible será a la gracia. Con cada plaga, el corazón de Faraón se endureció más y él se alejó todavía más de Dios.

Es claro que Faraón fue uno de los hombres malvados de la historia. Si nos identificamos con alguien en la historia es probable que sea con Moisés o con los israelitas oprimidos. Sin embargo, tenemos en común con Faraón un corazón que es capaz tanto de un gran bien como de un mal enorme. Y como él, a veces sufrimos juicio. Tal vez no despertemos con ranas en nuestra almohada, pero es inevitable que un día probemos las consecuencias de nuestro pecado. Si bebemos mucho, un día encontraremos que el alcohol nos ha robado nuestra familia y nuestro futuro. Si somos desleales, tal vez un día enfrentemos una traición. Si hemos juzgado con severidad, buscaremos en vano misericordia cuando más la necesitemos. Es verdad que no siempre recibimos exactamente lo que merecemos. Pero por lo general, tarde o temprano tendremos una dosis de nuestra propia medicina. Amarga como es, sin embargo, es la medicina que tiene el poder para librarnos del mal, para sanar nuestro corazón y mantenerlo sensible.

*Padre, tú nos dices que disciplinas a todos los que aceptas como hijos o hijas. Cuando me corrijas, ayúdame a darme cuenta de que me estás tratando como a un miembro de la familia. Permíteme responder de una manera que haga mi corazón diferente al de Faraón, tal como el verano es diferente del invierno y el día de la noche. Dame gracia para admitir mi pecado y pedir tu perdón. Mientras lo hago, ablanda mi corazón y llénalo de tu presencia.*

# LÍBRAME DEL MAL

*Así que sométanse a Dios. Resistan al diablo, y él huirá de ustedes. Acér-
quense a Dios, y él se acercará a ustedes. ¡Pecadores, límpiense las manos! ¡Ustedes los inconstantes, purifiquen su corazón!*

—SANTIAGO 4:7-8

Hay algunas cosas que nunca cambian. No importa si uno está hablando
acerca de la antigua Palestina, de la Norteamérica moderna, o de algún
lugar en Asia hace setenta años. La guerra entre el bien y el mal todavía ruge.
A veces de una forma conmovedora.

George Soltau explica que su padre vivía en Corea del Sur a principios de
la década de los años veinte. T. Stanley Soltau era un misionero presbiteriano
itinerante que viajaba de una aldea a otra visitando las iglesias. Llevaba su
propia comida y cama, y pasaba un corto tiempo en cada lugar cumpliendo
con varios deberes ministeriales: examinando candidatos para el bautismo,
dirigiendo cultos de comunión y predicando.

«La mayoría de sus deberes eran rutinarios —explicaba George—. Pero
siempre había sorpresas. Un día entró en una pequeña aldea donde de inmediato un agitado grupo de hombres y mujeres lo saludaron. "Pastor, por
favor, venga en seguida —le suplicaron—. Hay una mujer que está poseída
por un demonio". Cuando llegaron a la iglesia, él la vio. Estaba profirien-
do obscenidades, maldiciendo y retorciéndose sin control. Inexperto en esta
materia, recordó cómo estos incidentes se describían en los Evangelios. Con
rapidez organizó un equipo de oración que prometió orar por ella durante las
veinticuatro horas. Temprano en la noche el exorcismo había terminado. El
demonio salió y la mujer se quedó desmayada por completo.

»Al otro día el misionero se dirigió a la montaña para llegar al siguiente
valle. Tan pronto como llegó, corrieron hacia él diciéndole que una de las
mujeres había sido poseída por un demonio. Al igual que la otra mujer, esta
vociferaba injurias y maldiciones. Los aldeanos le habían atado las manos

para que no se lastimara a sí misma ni a los demás. Una vez más se organizó un equipo de oración y la mujer quedó liberada. Cuando el pastor preguntó acerca de la hora en que la mujer había comenzado a actuar como poseída, ¡descubrió que era alrededor de la misma hora en que la otra mujer había quedado liberada!».

T. Stanley Soltau no tenía que buscar una explicación. Con seguridad debe haber recordado los muchos encuentros que Jesús tuvo con individuos endemoniados. Tal vez hasta haya recordado las palabras del apóstol Pedro: «Practiquen el dominio propio y manténganse alerta. Su enemigo el diablo ronda como león rugiente, buscando a quién devorar. Resístanlo, manteniéndose firmes en la fe» (1 Pedro 5:8-9). Él no conocía a las dos mujeres lo suficiente como para saber por qué habían sido tan fácil presa para los poderes demoníacos. Pero sí sabía que el poder de Jesús para librarlas era infinitamente más fuerte que el poder del mal para esclavizarlas.

Pocos de nosotros enfrentamos al maligno tal como es. Casi siempre se enmascara con disfraces sutiles. En cualquier caso, no tenemos que temer mientras estemos firmes en la fe, invocando a nuestro Padre para que no nos deje caer en tentación y para que nos libre de toda clase de mal.

*Señor, rechazo a Satanás y a todas sus obras y promesas vacías. Creo que tú eres Dios, el Padre todopoderoso, creador del cielo y de la tierra. Creo en Jesucristo, tu único Hijo y mi Señor, que murió y resucitó de los muertos. Creo en el Espíritu Santo, la resurrección del cuerpo y la vida eterna. Gracias por darme la gracia para creer. Vela por mí y protégeme de toda clase de mal. Y concédeme que pueda vivir en tu presencia para siempre. Amén.*

# El milagro del muchacho y el gigante

~

*En cuanto el filisteo avanzó para acercarse a David y enfrentarse con él, también éste corrió rápidamente hacia la línea de batalla para hacerle frente. Metiendo la mano en su bolsa sacó una piedra, y con la honda se la lanzó al filisteo, hiriéndolo en la frente. Con la piedra incrustada entre ceja y ceja, el filisteo cayó de bruces al suelo. Así fue como David triunfó sobre el filisteo: lo hirió de muerte con una honda y una piedra, y sin empuñar la espada.*

—1 Samuel 17:48-50

Enfrentar a David contra Goliat debe haber sido como mandar un planeador a la batalla contra el bombardero *Stealth*. El muchacho con la honda no tenía la más mínima posibilidad de vencer al coloso de dos metros y medio, revestido con una armadura de bronce de casi sesenta kilos, y armado de una lanza y una espada. Pero todos sabemos que David venció al gigante a pesar de todos los factores en su contra.

Esta historia, conocida por muchos desde nuestra niñez, nos hace evocar proverbios tales como: «Al orgullo le sigue la destrucción» y «Cuanto más grandes, tanto más dura es la caída». Y aunque quizá no hayamos pensado en ello por muchos años, el milagro de David y Goliat es una historia que revela mucho acerca de nuestra lucha con el mal.

Recordarás que Goliat había desafiado al rey Saúl y a los judíos a que presentaran un campeón para que peleara con él. Si el campeón judío prevalecía, los filisteos se convertirían en sus siervos. Pero si Goliat ganaba, los israelitas se convertirían en sus esclavos. Durante cuarenta días el gigante se burla de ellos, y cada día su temor aumenta porque lo encuentran cada vez más enorme y sus ojos más espantosos. Sus amenazas entretejen un hechizo sobre los israelitas. Es como una araña jugueteando con su presa.

Entonces David aparece en la escena y exclama con indignación juvenil: «¿Quién se cree este filisteo pagano, que se atreve a desafiar al ejército del Dios viviente?». ¿Era esto valor de parte del muchacho o insensatez? Conocer el resto de la historia nos ayuda a ver la diferencia.

Mil años más tarde, la historia se repite no muy lejos de donde pelearon David y Goliat. Esta vez la batalla se lleva a cabo en el desierto fuera de Jerusalén y el gigante amenazador no es otro que el diablo mismo. En el Antiguo Testamento, al diablo lo representan con personajes tales como Goliat y Faraón, pero en los Evangelios él llega a la escena sin ningún disfraz.

Al igual que David, que se despojó de la armadura protectora de Saúl y de su espada, Jesús se despojó de su fuerza física mediante el ayuno. David se enfrentó a Goliat después de cuarenta días de amenazas de parte del gigante. Ahora Jesús se encuentra con Satanás después de cuarenta días en el desierto. David peleó contra Goliat solo con una piedra y una honda, mientras Jesús derrota a Satanás solo con la Palabra de Dios.

Una y otra vez los temas se hacen eco en las Escrituras y se repiten en la vida de fe. Dios envía liberación a su pueblo que está esclavizado por el pecado y por Satanás. La debilidad vence la fuerza, la humildad derrota el orgullo, la fe confunde al temor, la luz vence a las tinieblas. Cuando la esperanza parece desvanecerse, la victoria se abre paso. Estas son las paradojas sobre las cuales descansa la fe y se desarrolla la vida de gracia. Como Cristo le dice a Pablo y como nos dice a nosotros hoy día: «Te basta con mi gracia, pues mi poder se perfecciona en la debilidad» (2 Corintios 12:9).

*Bendito sea el Señor, mi Roca, que adiestra mis manos para la guerra, mis dedos para la batalla. Él es mi Dios amoroso, mi amparo, mi más alto escondite, mi libertador, mi escudo, en quien me refugio.*

# Un milagro en la noche

❧

*Extendiendo su mano desde lo alto, tomó la mía y me sacó del mar profundo. Me libró de mi enemigo poderoso, de aquellos que me odiaban y eran más fuertes que yo. En el día de mi desgracia me salieron al encuentro, pero mi apoyo fue el Señor. Me sacó a un amplio espacio; me libró porque se agradó de mí.*

—Salmo 18:16-19

Carol Anderson no sabía qué hacer. Le habían diagnosticado que tenía artritis reumática en 1978 y la única defensa contra el dolor agudísimo era un suministro continuo de codeína. No podía vivir sin ella, pero su médico le dijo que tenía que intentarlo. De otra manera, no podría hacerle la operación que necesitaba.

Su reumatólogo se había sorprendido con lo que mostraban sus radiografías. Sus codos estaban carcomidos por completo a causa de la enfermedad. Él nunca había visto tanta destrucción en un paciente de su edad.

Carol sabía que se había vuelto adicta a un narcótico y que tendría que soportar la agonía de la supresión de la droga. Se inscribió en un centro para el tratamiento de la adicción y la enviaron a una unidad de desintoxicación. Ella cuenta su historia en la revista Charisma de noviembre de 1991.

«Fue un insulto para mí. Ellos se imaginaron que yo era una drogadicta y me pusieron en tratamiento de metadona. Miré a mi compañera de cuarto que era una adicta a la cocaína, y con toda piedad le informé a Dios: "Este no es mi lugar. Yo tomé codeína para el dolor"».

De inmediato sintió su respuesta: «Tú tomaste la droga para el dolor en tus brazos. Ella la tomó para el dolor en su corazón. No pienses que tú eres mejor».

El proceso de desintoxicación fue mucho peor de lo que ella temía, con todos los síntomas de escalofríos y sudores en la noche, insomnio y la sensación de que tenía insectos caminando por todo su cuerpo. Al fin, una noche sintió una presencia en su habitación. «Yo sabía que era el Señor —explicaba ella—. No podía verlo con mis ojos físicos, pero podía sentirlo mientras se acercaba a mi cama.

»Canté una canción que había aprendido cuando era niña acerca de Dios y yo caminando juntos en el campo... Podía sentirlo estrechar mi mano. Podía ver cómo caminábamos juntos».

Esa noche fue el comienzo del fin de la larga pesadilla de Carol. Su experiencia le confirmó que Dios estaba cerca todavía, sujetándola bien fuerte de la mano. Después de esto comenzó a tener la esperanza de que Dios la iba a librar del dolor y de la adicción. Poco después salió del centro de tratamiento libre de su adicción a la codeína. Sin embargo, como era de esperarse, el dolor volvió. Un día en la iglesia pasó adelante para que oraran por ella. Había pedido oración tantas veces que parecía casi inútil. Sin embargo, un poco de obstinación en su interior se negaba a dejar de esperar un milagro.

Después su dolor disminuyó poco a poco y por último desapareció por completo. Pronto descubrió que podía usar los brazos y las manos para realizar tareas rutinarias como abotonarse, peinarse el cabello o abrir el cierre de una pulsera.

Un día entró alicaída en la consulta de su cirujano y le preguntó si pensaba que la cirugía era su única esperanza de recuperación. «Él señaló con impaciencia hacia la radiografía. "Como le dije antes, el daño es irreversible. Sus codos están destruidos. Su única esperanza es la cirugía".

»Lo dejé que terminara, entonces doblé los brazos hacia arriba y hacia abajo en los codos. "¿Quiere decir que si no me operan no podré hacer esto?"».

Los médicos de Carol no pudieron explicar lo que le había sucedido. Pero ella sí sabía. El Dios que había tomado su mano en medio de su noche más oscura era el que había hecho lo imposible y la había librado del poder de una terrible enfermedad.

*Señor, es fácil creer en tu amor cuando los rayos del sol matutino calientan nuestro cuerpo y nos sentimos felices de estar vivos. Pero es difícil mantener la fe en medio de la noche cuando cada pensamiento angustioso se agiganta y cada dolor se siente con más intensidad. Sin* embargo, sabemos que la fe crece mejor en la oscuridad. Aun así, te pedimos que nos reafirmes con tu presencia cuando seamos tentados de creer que nos has abandonado.

## 20

# MILAGROS DE PROFECÍA

~~~

*Las personas que recibían honra en la Biblia eran los falsos
profetas. Son aquellos a quienes llamamos profetas los que fueron
arrestados y lanzados al desierto, y así sucesivamente.*

NOAM CHOMSKY

¿Has tomado alguna vez un examen para descubrir qué clase de carrera puede ser adecuada para ti? Es posible que «profeta» no haya sido nunca una de tus alternativas. En realidad, un profeta es lo último que yo quisiera ser. No es un trabajo fácil.

La mayoría de los profetas que encontramos en las Escrituras pagaron un terrible precio por el papel que desempeñaron. Los ridiculizaron, los echaron de sus pueblos, los lanzaron en cisternas, los decapitaron y los persiguieron de todas las maneras. A menudo su obstinación les ocasionó problemas. Ellos simplemente se negaban a dejar de hablar la verdad sin importarles lo desagradable que fuera.

En oposición a la percepción popular, por regla general la profecía bíblica no incluía la predicción del futuro, sino que consistía en hablar la palabra de Dios, con frecuencia en medio de un mundo que la despreciaba. Durante los últimos milenios, las cosas en realidad no han cambiado. Todavía ridiculizamos a los que exponen nuestra insensatez y a quienes nos dicen que la felicidad viene de buscar una vida de virtud más bien que una vida de placer. La verdad no se puede aplastar con facilidad. Sigue metiéndose en nuestros negocios, instándonos a que la tomemos con seriedad.

Es interesante que el papel principal de los profetas bíblicos fuera hacer que el propio pueblo de Dios, más bien que las naciones paganas circundantes, se sintiera incómodo con su pecado. Y fueron los gobernantes y los líderes religiosos de su tiempo los que mataron a los profetas. Hoy día debemos preguntarnos si estamos cerrando nuestros oídos al mensaje de los profetas modernos, hombres y mujeres que ofenden nuestros prejuicios religiosos y exponen nuestro orgullo espiritual. Si este es el caso, haremos bien en postrarnos ante Dios y pedir perdón por nuestra insensatez. Porque la Palabra de Dios es «más cortante que cualquier espada de dos filos» y tiene el poder de cortar lo que está contagiado y enfermo en nuestro corazón.

# EL MILAGRO DE UN
# PROFETA VERDADERO

~

*Colocó la leña, descuartizó el buey, puso los pedazos sobre la leña y dijo: «Llenen de agua cuatro cántaros, y vacíenlos sobre el holocausto y la leña». Luego dijo: «Vuelvan a hacerlo». Y así lo hicieron. «¡Háganlo una vez más!», les ordenó. Y por tercera vez vaciaron los cántaros. El agua corría alrededor del altar hasta llenar la zanja [...] En ese momento cayó el fuego del Señor y quemó el holocausto, la leña, las piedras y el suelo, y hasta lamió el agua de la zanja.*

—1 REYES 18:33-35, 38

En la actualidad tenemos sospechas de los que hablan acerca de «la verdad», en particular cuando se trata de cuestiones morales o fe religiosa. Como a muchos, no me gusta la manera en que muchas personas, sobre todo las religiosas, tuercen la verdad y la usan como un arma para controlar a otros. Sin embargo, he descubierto que sin la verdad genuina, la vida no tiene sentido.

Elías fue uno de los profetas más famosos de la historia, un hombre que arriesgó su vida al servicio de la verdad. Sucedió un día en el monte Carmelo, donde Israel se había reunido para ser testigo de una de las contiendas más desproporcionadas en la historia bíblica. En un lado estaban congregados cuatrocientos cincuenta profetas del dios cananeo Baal. En el otro estaba la figura solitaria de Elías, profeta del Señor. El objetivo era colocar el cuerpo muerto de un buey sobre un altar para sacrificarlo y después, sin recurrir al uso de fósforos, un encendedor o un lente de aumento, pedir fuego del cielo. El verdadero dios enviaría fuego como un milagro para confirmar su poder y los profetas de Baal, o Elías, su revelación como sus verdaderos profetas.

Los cuatrocientos cincuenta profetas gritaron y danzaron alrededor de su sacrificio desde la mañana hasta la noche, pero no cayó fuego del cielo.

Debe haber sido una escena un tanto cómica porque Elías no pudo evitar burlarse de ellos: «¡Griten más fuerte! —les decía—. Seguro que es un dios, pero tal vez esté meditando, o esté ocupado o de viaje. ¡A lo mejor se ha quedado dormido y hay que despertarlo!» (1 Reyes 18:27). Las burlas de Elías los incitaban a más frenesí, pero todavía ni siquiera una chispa.

Entonces le tocó el turno a Elías. Él aumentó a proporciones astronómicas las probabilidades en su contra cuando derramó agua no una vez, sino tres veces, sobre su sacrificio. Entonces pronunció una oración sencilla: «Señor, Dios de Abraham, de Isaac y de Israel, que todos sepan hoy que tú eres Dios en Israel, y que yo soy tu siervo y he hecho todo esto en obediencia a tu palabra. ¡Respóndeme, Señor, respóndeme, para que esta gente reconozca que tú, Señor, eres Dios, y que estás convirtiendo a ti su corazón!» (1 Reyes 18:36-37). No gritó ni rogó, ni danzó ni ejecutó alguna clase de ritual complicado. Solo oró y el Dios de toda verdad envió fuego para consumir el sacrificio, la madera, las piedras y hasta el agua que se había aposentado alrededor del altar. El fuego sobre el monte Carmelo en ese día debe haber dado una nueva y total definición a la palabra caliente. En contraste, Baal, el que se llamaba «dios del fuego», no había producido ni una chispa para desafiar al Dios de Israel.

El poder de uno contra cuatrocientos cincuenta. Era en realidad una contienda desproporcionada. Elías tenía una injusta situación de ventaja. Él tenía a su favor al que había creado el universo. Era imposible que perdiera.

Ahora, como entonces, la verdad es a menudo una alternativa poco popular. Los profetas falsos hablaban palabras que las personas recibían con beneplácito, palabras de ánimo y consuelo. Elías, por otro lado, hablaba de juicio y arrepentimiento, palabras que casi todos encontramos desagradables y repulsivas. En cierto sentido superficial, la verdad a menudo no es ni siquiera tan atractiva como la falsedad. La última alivia nuestra conciencia y afirma el engaño de nuestro corazón. Se hace la vista gorda ante las peores distorsiones de nuestra cultura, llamando a la luz oscuridad y a la oscuridad, luz. Escoge sin pensar lujuria en vez de amor, conveniencia en vez de vida y codicia en vez de generosidad. Nos hace esclavos de nuestras pasiones y nos hace ciegos y sordos a la verdad. Si somos sabios, oraremos por humildad para ver y aceptar la verdad sin que nos importe lo impopular o desagradable que sea. Porque a fin de cuentas, solamente la verdad es la que tiene el poder para libertarnos.

*Dios, dame la gracia de distinguir la verdad de la falsedad, primero dentro de mi propio corazón y después en el mundo que me rodea. Perdóname por las veces que he negado o me he escondido de la verdad porque la encontré demasiado incómoda o amenazante. Una vez que conozca la verdad, dame valor para defenderla, no como hacen los farisaicos, sino como los que se humillan ante su poder.*

# Un milagro de discernimiento

~

*Entonces Saulo, o sea Pablo, lleno del Espíritu Santo, clavó los ojos en Elimas y le dijo: «¡Hijo del diablo y enemigo de toda justicia, lleno de todo tipo de engaño y de fraude! ¿Nunca dejarás de torcer los caminos rectos del Señor? Ahora la mano del Señor está contra ti; vas a quedarte ciego y por algún tiempo no podrás ver la luz del sol». Al instante cayeron sobre él sombra y oscuridad, y comenzó a buscar a tientas quien lo llevara de la mano.*

—Hechos 13:9-11

Se decía de Catalina de Siena que podía percibir al instante el verdadero carácter de toda persona que conociera. Por alguna razón, esta creyente del siglo catorce conocía los lugares secretos del alma y podía decir si las personas eran buenas, malas o termino medio con bastante exactitud. No se tú, pero dudo que yo me hubiera sentido cómoda al sentarme a charlar con ella.

En este incidente, el apóstol Pablo parece haber poseído el mismo don, por lo menos cuando se trató de diagnosticar el carácter de Elimas, un profeta falso y hechicero judío. Pablo y Bernabé acababan de llegar a Pafos en Chipre y estaban hablando con el procónsul, Sergio Paulo, que sentía curiosidad por escuchar la Palabra de Dios. Pero Elimas estaba haciendo todo lo que podía para impedirlo.

Lleno del Espíritu, Pablo hace un milagro, primero mencionando la oscuridad que hay dentro de Elimas y después entregándolo a un mundo de oscuridad externa. Es claro que el castigo está de acuerdo con el crimen. Sin embargo, aunque hubo juicio, hubo también gracia y misericordia en este milagro. Porque mediante él, Sergio Paulo fue arrebatado del poder del profeta falso para unirse a las filas de los creyentes. En cuanto a Elimas, su ceguera iba a ser temporal, dándole la oportunidad de enmendar sus caminos, si así lo decidía.

El castigo de Pablo para Elimas puede parecer severo. Pero recuerde que él mismo había quedado ciego en su camino a Damasco unos años antes. Él sabía por experiencia propia los beneficios de una pequeña terapia para alguien que estaba perdido y haciendo extraviar a los demás.

Dos mil años después, los profetas falsos todavía están con nosotros. Es la descripción de trabajo que no ha cambiado desde hace siglos. No hace mucho, encendí el televisor en mi habitación de hotel en la ciudad de Nueva York y descubrí que estaba sintonizado con un programa de participación telefónica que tenía un giro peculiar. Marcando un número de teléfono, uno podía hablar con su propio adivino en la televisión. Las personas estaban haciendo preguntas de rigor: ¿Prosperará mi vida amorosa? ¿Debo permanecer en mi trabajo actual o cambiar de carrera? ¿Podré tener hijos? ¿Dejará mi esposo alguna vez de engañarme? El adivino respondía con respuestas alentadoras y definidas, pareciendo hasta que leía la mente de quienes llamaban. Me compadecí de los hombres y mujeres que llamaban, tan desesperados y llenos de preguntas. Parecía que no se daban cuenta de que tratar de ver el futuro, aunque sea una impostura, es un juego mortal. Tampoco sabían que los estaban seduciendo con verdades a medias y esperanzas falsas.

Desde luego que la mayoría de los profetas de hoy día operan de una forma menos abierta. Pueden ser políticos, celebridades, gurús de la nueva era o hasta anfitriones de programas radiales de entrevistas. Quienquiera que sea o dondequiera que esté, si se opone al evangelio y fomenta una religión falsa, está conduciendo a las personas a la oscuridad.

Necesitamos discernimiento dondequiera que moren las tinieblas. Las apariencias a menudo son engañosas, pero se nos ha dado el don del Espíritu Santo para ayudarnos a separar la luz de la oscuridad.

*Señor, no me interesa buscar un profeta falso en cada esquina. Ya hay demasiados insultos en la actualidad. Pero tú sabes que necesito tener la capacidad de conocer la diferencia entre la verdad y una mentira, por muy atractiva que sea la envoltura de esta última. Ayúdame para que mi espíritu se mantenga sintonizado con el tuyo. Si me encuentro con un Elimas, dame la gracia para orar por esa persona, confiando en que tú quitarás las escamas de sus ojos.*

# Una profecía diminuta

❧

*Por causa de tus adversarios has hecho que brote la alabanza de labios de los pequeñitos y de los niños de pecho, para silenciar al enemigo y al rebelde.*

—Salmo 8:2

En mayo de 1989, Ron y September Aguirre viajaron a Florida con sus dos hijos, Ana y Roberto. Ana, de cuatro años, estaba anticipando de manera especial las vacaciones familiares que los llevarían primero a St. Augustine, y después a Orlando a visitar Disney World. Después de una breve visita, los Aguirre salieron de St. Augustine el día de las madres y decidieron parar en la vieja misión al salir de la ciudad. Mientras deambulaban por los terrenos de la misión, descubrieron una capilla dedicada a honrar a las madres.

Pensaron que no había mejor manera de celebrar el día de las madres que orando juntos como familia en la pequeña capilla. «Ron y yo habíamos estado deseando otro hijo por algún tiempo, pero no podíamos concebir —explicaba September—. Aunque nuestros médicos nos habían sugerido que tomáramos píldoras para la fertilidad, no considerábamos que era lo correcto. De manera que seguíamos tratando, y orando. Ese día les pedimos a los niños que oraran para que Jesús me bendijera y que nos diera otro bebé. Oramos por unos minutos y Ron les preguntó a los niños si había algo que ellos querían decir. Con una mirada sería en su pequeño rostro, Ana dijo: "Papi, me parece que Jesús me dijo que vamos a tener un bebé y que debemos llamarla Elisabeth". Esto me sorprendió, ya que mi madre y yo nos llamamos Elisabeth. Pero yo nunca uso mi primer nombre y Ana solo conoce a mi madre como abuela.

»De allí proseguimos a Disney World y pasamos un tiempo maravilloso. Pero cuando Ron les preguntó a los niños que fue lo más especial de nuestro viaje, Ana saltó para decir que la mejor parte de las vacaciones había sido que Jesús le dijera que iba a tener una hermanita llamada Elisabeth.

»Un mes después quedé embarazada. Y en efecto, fue una niña. Desde luego que la llamamos Elisabeth. Ahora tenemos cuatro hijos y Elisabeth es definitivamente la más batalladora. Nuestra pequeña bola de energía nos mantiene sobre nuestras rodillas pidiendo gracia para ser buenos padres. Entiendo que Elisabeth en realidad quiere decir gracia. No me sorprende que ese haya sido el nombre que Jesús le susurró a Ana aquel día en la pequeña capilla en la Florida».

*Señor, tú encuentras tantas maneras de comunicar tu amor, aun por medio de los labios de una niña pequeña. Aumenta nuestra fe y ayúdanos a ser sensibles a las maneras inesperadas en que tú a veces nos hablas. Al contestar nuestras oraciones, sobre todo mediante los niños, danos la gracia para responder a esas oraciones contestadas de una manera que refleje tu amor.*

# El mensajero sí importa

*Una vez, cuando íbamos al lugar de oración, nos salió al encuentro una joven esclava que tenía un espíritu de adivinación. Con sus poderes ganaba mucho dinero para sus amos. Nos seguía a Pablo y a nosotros, gritando: «Estos hombres son siervos del Dios Altísimo, y les anuncian a ustedes el camino de salvación [...] Así continuó durante muchos días. Por fin Pablo se molestó tanto que se volvió y reprendió al espíritu: «¡En el nombre de Jesucristo, te ordeno que salgas de ella!». Y en aquel mismo momento el espíritu la dejó.*

—Hechos 16:16-17, 18

Pablo estaba en Macedonia cuando atrajo a una admiradora inoportuna. Era una muchacha esclava, poseída por un espíritu maligno, que al parecer le daba el poder de predecir el futuro. En realidad, sus poderes ocultos le producían mucho dinero a sus amos. Es interesante que ella aclame varias veces a Pablo y sus compañeros como siervos del Altísimo.

¿Por qué un espíritu maligno diría la verdad acerca de la identidad y el propósito de Pablo? No tenemos una respuesta definida a esta pregunta, pero debemos recordar que una de las armas más poderosas de Satanás es la verdad. ¿Le sorprende esto? En realidad, sería más exacto decir que la verdad es una de sus armas favoritas siempre y cuando esté mezclada con una mentira. Después de todo, una verdad a medias es más difícil de rechazar que una mentira evidente. Esa es la razón por la que muchos de sus engaños son tan seductores.

Además, Pablo debe haberse dado cuenta de lo peligroso que sería permitir que un mensajero impío acompañara la predicación del evangelio. Pudiera implicar que uno podía aceptar el cristianismo y las creencias del ocultismo al mismo tiempo.

La tentación de practicar lo que llamo «religión de diseño» está todavía con nosotros. Nos gustaría combinar a nuestro gusto los elementos de varias creencias religiosas que sean más atractivos para nosotros. Los autores que tienen un gran éxito de venta improvisan sus propios diseños para atraer el gusto popular. En el proceso, desde luego, ganan mucho dinero. Por lo general, esta fe «de diseño» ofrece una mezcla ecléctica de creencias conflictivas y subjetivas que exigen muy poco de nosotros en términos de entrega, sacrificio y honradez intelectual. Pero a la larga, esta es la clase de fe más costosa porque seduce nuestra alma, apartándonos de las exigencias del único Dios que es poderoso y amoroso para salvarnos. Desde luego que toda verdad es verdad de Dios, pero en última instancia una «verdad» que podemos controlar y manipular es un fundamento débil sobre el cual edificar una vida.

Por el contrario, el evangelio que Pablo predicaba era vivificante y hermoso. Creerlo, es creerlo todo. Entregarse a él, es dar cuerpo y alma a la verdad y ser transformado para siempre en el proceso.

*Señor, cuando se trata de mi fe, no me permitas que tolere nada a medias. Toma mi palabra cuando digo que anhelo conocerte mejor. Y permite que tu Palabra, que es más penetrante que una espada de dos filos, corte todo lo blando y cobarde que hay en mí. Ayúdame a pagar el precio que exige la fe verdadera. Y al hacerlo, que pueda disfrutar de todas las recompensas que tú prometes a los que te pertenecen.*

# 21

# CUANDO NO OCURREN MILAGROS

❧

*La sed de los hombres por las maravillas más asombrosas e indubitables, en realidad procede del deseo de una fe sin sombras, de una corona sin cruz [...] Un milagro es cristiano solo si nos ayuda a creer más bien que a mitigar nuestra necesidad de tener fe.*

—LOUIS MONDEN, S. J.

Los finales felices son mi debilidad. Puedo disfrutar de una buena novela que esté llena de momentos trágicos siempre y cuando las cosas terminen razonablemente bien al final. Pero ay del autor que me lleva llena de esperanza y entonces me deja caer con estrépito. Por lo general, los milagros son historias con elementos trágicos que tienen un final feliz. Apelan a nuestra necesidad de maravillas y de misericordia, a nuestro anhelo de creer que Dios sí escucha nuestras oraciones y que a veces nos contesta de formas sobrenaturales. Si por nosotros fuera, los milagros serían tan abundantes como las mariposas en el verano.

Louis Monden es el autor de un libro fascinante acerca de los milagros que se titula Signs and Wonders [Señales y maravillas]. Él ofrece aun otra perspectiva en cuanto a nuestra sed de milagros, señalando que nuestro deseo a menudo procede de la intención de edificar una «fe sin sombras». Al igual que los judíos en la antigua Palestina, clamamos por «una señal del cielo». Y como el apóstol Tomás, creeremos solo si nosotros mismos podemos tocar y ver las heridas del Cristo resucitado. Sin embargo, como dice Monden, los milagros son simples auxiliares para ayudarnos a «creer más bien que para mitigar nuestra necesidad de tener fe».

A pesar de nuestros anhelos, no vivimos en un mundo perfecto. La promesa del cielo no se ha cumplido todavía. Como Monden señala, los milagros «no deben dar la impresión de que este mundo pasajero está ya glorificado, que el paraíso ya se ha recuperado. El milagro más bien debe darnos una vislumbre de lo que ha de venir; es como una sonrisa por medio de la cual Dios ilumina la senda de su iglesia». Qué imagen tan maravillosa: una sonrisa que ilumina nuestra senda.

Las Escrituras hablan acerca de la vida como un «valle de lágrimas», y así es muy a menudo. Sin embargo, es en medio de las lágrimas y la oscuridad que la fe más profunda se desarrolla. Siempre que el milagro no ocurre, tenemos una oportunidad de permitir que la fe eche raíz en nuestra alma, y es esta fe precisamente la que tiene el poder para obrar el milagro más grande de todos, el que ocurre en silencio en nuestro propio corazón.

Si has estado pidiendo un milagro sin resultados, recuerda que Dios todavía te ama y no te ha olvidado. Ni tampoco es indiferente a tu sufrimiento. No permitas que tu fe dependa de los milagros, sino en cambio, pídele a Dios que cumpla sus propósitos, aun si no contesta tus oraciones de la manera precisa que tú esperas que él lo haga.

# UNA FE SIN MILAGROS

※

*Tomás, al que apodaban el Gemelo, y que era uno de los doce, no esta-*
*ba con los discípulos cuando llegó Jesús. Así que los otros discípulos le*
*dijeron: «¡Hemos visto al Señor!». «Mientras no vea yo la marca de los*
*clavos en sus manos, y meta mi dedo en las marcas y mi mano en su*
*costado, no lo creeré», repuso Tomás.*

—JUAN 20:24-25

El escepticismo de Tomás me consuela. Me recuerda que no soy la única
incrédula en el reino de Dios, ni la única que a veces se siente abandonada
y confundida.

Debe haber sido muy fácil para Tomás creer cuando estaba sentado a la
mesa con Jesús, compartiendo del mismo pan y bebiendo de la misma copa,
o cuando podía ver a los enfermos sanados y a los muertos resucitados. Aunque los discípulos de Jesús no tenían dinero, ni un lugar donde recostar la
cabeza por la noche, el trabajo era estimulante. La noticia de los milagros
de Jesús se extendía por todo Israel. Cada día más seguidores se añadían a
su número. Pronto serían una fuerza que ningún poder de la tierra podría
resistir. Y Tomás estaría allí para ver a Israel restaurado, con un gran rey sentado en el trono. Era maravilloso tener una visión, porque él sabía que sin
visión el pueblo perece.

Pero la fe de Tomás terminó en el Calvario. Sus esperanzas quedaron
en el sepulcro junto con el cuerpo de Jesús. Debe haber experimentado una
terrible sensación de aflicción, pérdida y confusión. Tanto, que parece haber
contestado con enojo cuando los demás discípulos afirmaron haber visto al
Jesús resucitado. «No, me niego a creerles. A menos que yo vea las marcas de
los clavos con mis propios ojos y sienta las heridas con mis dedos, no creeré».

Es fácil criticar a Tomás por su incredulidad. Pero si alguna vez te has
dado en cuerpo y alma a alguna causa o a alguna persona solo para recibir
una decepción, entenderás su enojo.

A veces nuestra decepción y desilusión se centra en la iglesia misma. Tal vez hayamos sido parte de una iglesia que se ha venido abajo, destruida por el escándalo o por rivalidades internas. Tal vez hayamos dado lo mejor de nuestra juventud a alguna causa que desde entonces se ha desacreditado o distorsionado. O quizá sintamos que Dios nos ha abandonado cuando más lo necesitábamos. Un cónyuge nos ha abandonado, un hijo ha muerto, un amigo nos ha vuelto la espalda. Hemos orado por fe, por sanidad, por gracia, pero la respuesta ha sido el silencio. Hemos pedido un vaso de agua y en cambio se nos ha dado vinagre. Cuando esto sucede, el idealismo juvenil está en peligro de convertirse en cinismo. No queremos creer otra vez para que nos engañen, nos estafen y nos decepcionen. De manera que nos enojamos para poder protegernos.

No obstante, nuestra decepción no tiene que hacernos alérgicos a la fe. Tomás se decepcionó porque no entendió a Jesús ni la obra que en realidad había venido a hacer. Como no podía ver por qué Jesús tenía que morir, no pudo al principio creer en su resurrección. Nuestra fe inmadura, como la de Tomás, no es tanto fe en Jesús como fe en una imagen de él que nosotros mismos hemos pintado, alguien que siempre actúa con amor según nuestra definición; que contesta nuestras oraciones, sobre todo cuando son razonables, y que nunca hace nada que no podamos entender. Pero el Jesús real se niega a que nos conformemos con una descripción falsa de sí mismo. Uno tras otro, él de continuo borra nuestros cuadros distorsionados. No es que Jesús haya descartado el amor, la fidelidad y la compasión de su paleta. Es que él añade matices más profundos para que a la larga contemplemos un Rembrandt más bien que el dibujo elemental con el que empezamos.

Cuando nuestras falsas imágenes quedan destruidas, tal vez veamos solo oscuridad por un tiempo. Lo que nos consolaba, ya no nos consolará más. Podemos hasta sentirnos con una desilusión muy profunda. Pero estar desilusionados es bueno si esto significa que se ha roto un hechizo ilusorio. Si nos aferramos a Dios durante este tiempo, nuestra fe retornará como una fruta madura. Disfrutaremos de una intimidad más profunda con Jesús y una libertad y paz más grande en nuestra vida personal. La oscuridad cederá a la luz y conoceremos aun como somos conocidos.

*Señor, cuando pienso que ya te entiendo, tú lo trastornas todo. ¿Cuándo aprenderé que únicamente los puros de corazón te verán cara a cara? Estoy empezando a darme cuenta de que tu obra de purificación ocurre mejor en la oscuridad, cuando tú pareces estar tan distante aunque estás cerca. Ayúdame a tener valor al desprenderme de lo que es falso y en la oscuridad asirme a lo que es verdadero.*

# Piedras convertidas en pan

~~~

*Después de ayunar cuarenta días y cuarenta noches, tuvo hambre. El tentador se le acercó y le propuso: «Si eres el Hijo de Dios, ordena a estas piedras que se conviertan en pan».*

—Mateo 4:2-3

Después de cuarenta días en el desierto debe haber sido fácil para Jesús imaginarse a las piedras convirtiéndose en pan. ¿A qué hombre hambriento no le hubiera sucedido? Como el pan, las piedras lisas y redondas cabían con comodidad en la palma de su mano. Casi podía oler los panes horneándose en el calor del desierto. Solo tenía que decir una palabra para hacer este pequeño milagro. Pero no lo hizo. En cambio, le recordó al diablo: «No sólo de pan vive el hombre, sino de toda palabra que sale de la boca de Dios».

Más tarde, Jesús le diría a las multitudes: «Yo soy el pan de vida [...] El que a mí viene nunca pasará hambre». Y una vez más hablaría del pan: «¿Quién de ustedes, si su hijo le pide pan, le da una piedra? [...] Pues si ustedes [...] saben dar cosas buenas a sus hijos, ¡cuánto más su Padre que está en el cielo dará cosas buenas a los que le pidan!» (Mateo 7:9-11).

Sin embargo, a pesar de nuestra fe, a veces tenemos hambre. Y a veces nos asalta la tentación de creer que Dios nos ha dado una piedra cuando le hemos pedido pan. Rogamos por el pan de la bendición económica y nos vamos a la bancarrota. Pedimos el pan de un cónyuge amoroso y permanecemos solteros. Suplicamos por el pan del éxito y fracasamos. ¿Dónde está este pan del que Jesús habla y del que tenemos tanta hambre? Si tuviéramos el poder de convertir nuestras piedras en pan, lo haríamos en un instante.

No obstante, a veces sí tenemos ese poder. Podemos engañar para obtener el dinero que queremos. Podemos dormir con cualquiera para tener el amor que necesitamos. Podemos idear jugarretas y artimañas para avanzar. Y por un tiempo, este pan nos va a alimentar. Pero nunca nos va a satisfacer.

Jesús no estaba exagerando cuando se llamó a sí mismo el pan de vida. Él es el que alimenta nuestra alma. Si has tratado de satisfacer tus ansias pero has fracasado, llévaselas a Jesucristo una vez más. Permanece en silencio durante un tiempo en su presencia. Dile lo que estás sintiendo y pídele que te muestre la verdad de su palabra y de su promesa. Tal vez tu hambre te conduzca a una experiencia más profunda de su suficiencia.

*Señor, tú nos has creado con hambre espiritual, algo que no se satisface con facilidad. Ayúdame a resistir la tentación de hartarme con sustitutos baratos, y en cambio, ayúdame a buscarte a ti como la fuente de mi vida. Cuando me asalte la tentación de convertir las piedras en pan mediante mi propio poder, dame valor para confiar en tu palabra para que ella alimente mi alma.*

# Un milagro temporal

❧

*El Dios sempiterno es tu refugio; por siempre te sostiene entre sus brazos.*

—Deuteronomio 33:27

Dan y Dale Goorhouse eran más que hermanos. Eran gemelos idénticos y mejores amigos que vivían juntos en la universidad. Después que se casaron vivían a dos cuadras el uno del otro. Hasta donde ellos sabían, iban a pasar el resto de su vida trabajando duro, criando a sus hijos y un día reconociendo las huellas de los años en su rostro. Pero de repente la visión familiar y consoladora del futuro se desvaneció. Sin previo aviso, a Dale le diagnosticaron que tenía cáncer en un pulmón.

«Fue un golpe inesperado —explicaba Dan—. Dale comía bien y se cuidaba. Nunca ni siquiera había fumado. No podíamos creer que tenía cáncer en el pulmón. Él y yo éramos productos del mismo ambiente. Compartíamos la misma estructura genética. ¿Cómo era posible que él estuviera enfermo cuando yo disfrutaba de perfecta salud?

»Sus médicos recomendaron el tratamiento más agresivo de quimioterapia que era posible. Cuando lo terminó, le hicieron un escanograma que reveló manchas en su hígado, un riñón y la espina dorsal. El oncólogo de Dale estaba casi seguro de que el cáncer se había extendido. Si era así, la cirugía para sacarle el pulmón canceroso sería inútil. Si no, podía salvarle el otro pulmón y la vida.

»Ni Dale ni yo éramos muy religiosos en ese tiempo. Nos habíamos criado en la iglesia mormona, pero la habíamos dejado al final de nuestra adolescencia. Desde entonces habíamos asistido a algunas iglesias cristianas, pero no lo tomábamos muy en serio. Dicen que en las trincheras hasta los ateos creen en Dios. Me imagino que el cáncer fue la trinchera para Dale y para mí. Los dos comenzamos a orar junto con toda la familia por un milagro. Ninguno de nosotros estaba preparado para que Dale muriera.

»Sucedió cuando Dale se encontraba solo, acostado en una camilla mientras esperaba para ir a otra serie de radiografías. Él estaba orando que Dios sanara su riñón y su hígado, y quitara las manchas para que los médicos tuvieran suficiente confianza para extirpar el pulmón canceroso. Le pidió a Dios una señal de que había escuchado sus oraciones, y entonces sucedió algo muy extraño. Dale me contó que sintió que su cuerpo se levantaba de la camilla. Por unos momentos, simplemente estuvo suspendido en el aire. No había explicación racional de lo que le había sucedido. Sin embargo, él no tuvo ni el más mínimo temor. En cambio, dice que sintió una sensación de paz increíble. Supo entonces que los médicos no iban a encontrar esas manchas. Estaba tan seguro que hasta le dijo al técnico de radiografías que en las placas no iba a salir nada.

»Y Dale tuvo razón. El oncólogo se sorprendió muchísimo cuando revisó las radiografías y no encontró evidencia de cáncer. Toda la familia sintió que Dios había hecho algo maravilloso por Dale. Fue el comienzo de la fe verdadera para todos nosotros.

»Los médicos realizaron la operación y Dale se fortaleció cada vez más. Durante cinco meses se sintió muy bien. Le volvió a crecer el cabello y parecía la viva imagen de la salud. Pero entonces, casi dos años después del diagnóstico inicial, los médicos encontraron cáncer en el otro pulmón. Aunque enfermé físicamente cuando Dale me dio la noticia, él me aseguró que estaba en completa paz, y yo sabía que era cierto. Me animó a que dejara de preocuparme porque todo estaba en las manos de Dios.

»Supimos de la reaparición del cáncer en enero. Dale murió el veinticinco de febrero. Mirando en retrospectiva, no estoy seguro de por qué Dios lo sanó solo temporalmente. Sin embargo, sí sé que mi familia y yo nunca seremos los mismos debido a lo que sucedió. Nos dio tiempo para tratar con su muerte y nos acercó como familia. Nuestra fe es mucho más fuerte ahora.

»Saqué fortaleza de la manera en que Dale se comportó. Me siento orgulloso del valor y la confianza que demostró. Ahora trato de enseñarles a mis propios hijos a amarse y apreciarse uno al otro, porque sé que la vida es algo muy frágil».

Dan y su familia están agradecidos por el milagro que Dale experimentó aun cuando solo postergó su muerte por unos meses. Eso debe haber convencido a Dale de que Dios era real y que él estaba a cargo de todo lo que sucedía. En los días que precedieron a su muerte, quién sabe si no habrá sentido los brazos fuertes de Dios sosteniéndole todavía, como aquel día que fue levantado de la camilla.

Hasta tal vez se haya dado cuenta de que toda sanidad es en realidad solo temporal. Cada uno de nosotros morirá un día. Y perderemos a las personas que más amamos. Pero esos milagros ayudan a convencernos de que Dios está cerca, llevándonos en sus brazos con ternura, velando por nosotros mientras abandonamos esta vida para pasar a la otra.

*Padre, tú eres nuestro refugio en los tiempos difíciles. Nadie puede consolarnos cono tú lo haces. Nadie tiene brazos poderosos y tiernos como los tuyos para sostenernos cuando estamos enfermos y doloridos. Ayúdanos a recordar que estos son los mismos brazos que un día nos levantarán del sepulcro para disfrutar de la vida eterna en tu presencia.*

# UN MÉTODO MEJOR
## QUE LOS MILAGROS

*Cuando ya se habían ido, un ángel del Señor se le apareció en sueños a José y le dijo: «Levántate, toma al niño y a su madre, y huye a Egipto. Quédate allí hasta que yo te avise, porque Herodes va a buscar al niño para matarlo». Así que se levantó cuando todavía era de noche, tomó al niño y a su madre, y partió para Egipto [...] Cuando Herodes se dio cuenta de que los sabios se habían burlado de él, se enfureció y mandó matar a todos los niños menores de dos años en Belén y en sus alrededores, de acuerdo con el tiempo que había averiguado de los sabios.*

—MATEO 2:13-14, 16

Un ángel le avisó a José que huyera de Belén de la ira de un rey malvado. Y José escuchó el aviso. Mediante un milagro, Dios salvó a su hijo. Sin embargo, muchos bebés fueron masacrados en lugar de Jesús. ¿Por qué no hubo un milagro para ellos? ¿Por qué parece no haber ningún milagro para tantos niños inocentes en la actualidad?

Hace poco vi un documental de televisión que me partió el corazón. Era una revelación de las consecuencias de la «política de un solo hijo» en China. Debido a la superpoblación, el gobierno chino ha declarado ilegal que una familia tenga más de un hijo. Como la cultura china les da más valor a los varones que a las hembras, millones de mujeres abortan a sus niñas o las abandonan. Las que quedan abandonadas a menudo mueren en orfelinatos donde las condiciones son incalificables.

Estas historias nos fuerzan a hacernos la pregunta más difícil del mundo. ¿Por qué permite Dios la maldad? ¿Por qué hace milagros para unos cuantos, mientras tantos sufren? No tenemos una respuesta fácil.

En el caso de Herodes, Dios decidió no obrar contra la voluntad de un gobernante perverso. En realidad, este parece ser su estilo favorito para relacionarse con los seres humanos, tanto buenos como malos. Él nos permite la libertad de escoger, aunque a la larga somos juzgados según lo bien o mal que hayamos usado esa libertad. No obstante, no podemos evitar que el mal uso de ella tenga el poder de destruir a los demás.

A veces, sin embargo, la maldad predomina porque las personas buenas se mantienen al margen y no hacen nada. Dios no es como nosotros y se da cuenta de que los actos sobrenaturales de poder no son siempre el método más eficaz para disminuir la maldad. En cambio, nos dice que venzamos el mal con el bien. Él prefiere desatar el poder de su amor a través de hombres y mujeres corrientes que decidan albergar a los desamparados, adoptar un niño o encontrar maneras de traer solaz a los afligidos.

Sea lo que sea que Dios está pidiendo, trata de ser generoso. ¿Quién sabe si él quiere moldearte en un milagro viviente, una respuesta de carne y hueso a la oración de alguien?

*Padre, oro que la aflicción que siento cuando me encuentro ante una tragedia sea utilizada para tus propósitos. Más bien que sentirme oprimida por el mal, permíteme que busque ser un instrumento en tu mano. Úneme con otros para que juntos, nuestro amor pueda ser una luz que venza la oscuridad.*

# 22

# Milagros y sueños

꙯

*Hay mucho en la Biblia acerca de los sueños. Creo que hay como dieciséis
capítulos en el Antiguo Testamento y cuatro o cinco en el Nuevo en
los que se mencionan los sueños y hay muchos otros pasajes a lo largo
del libro que se refieren a visiones. Si creemos en la Biblia debemos
aceptar el hecho de que, en la antigüedad, Dios y sus ángeles venían
a los hombres mientras dormían y se daban a conocer en sueños.*

Abraham Lincoln

Con mucha frecuencia pasamos por alto nuestros sueños. Los más colori-dos merecen que los contemos por la mañana, pero después los olvida-mos. Los malos sueños son atribuidos a la comida exótica que consumimos la noche antes o a la ansiedad persistente que invade nuestro cerebro en me-dio de la noche. En eso consiste todo el valor que le damos a nuestros sueños.

Pero ¿y si hay algo más que lo que se ve a simple vista? ¿Puede Dios ha-blarnos por medio de nuestros sueños? Un repaso rápido de las Escrituras indica que Dios habló poderosamente por medio de sueños. Algunos de los personajes bíblicos cuyas vidas fueron afectadas por sueños incluyen a Abra-ham, Jacob, José, Samuel, Saúl, Salomón, José (el padre de Jesús) y el apóstol Pedro. En realidad, la iglesia primitiva creía que Dios a veces revelaba su vo-luntad por medio de sueños.

Aunque los sueños a menudo son complejos y difíciles de comprender, creo que pueden transmitir mensajes espirituales a los que están dispuestos a escucharlos. Desde luego, hay un peligro en prestar demasiada atención a nuestros sueños. Podemos volvernos demasiado introspectivos y desequili-brados si nos obsesionamos con ellos, olvidando que los sueños son solo una avenida, y no la principal, por medio de la cual Dios nos visita.

En verdad nuestro Creador puede usar cualquier medio que él escoja para comunicarse con nosotros. Quizás a veces nos toque mientras dormi-mos porque sabe que en ese momento somos más vulnerables. Un sueño ví-vido puede penetrar nuestras defensas de una manera que otros métodos de comunicación no pueden. Por lo menos, las historias que siguen nos animan a ser sensibles a la variedad de maneras en las que Dios obra en nuestra vida.

Si has estado pasando por alto tus sueños, tal vez sea tiempo de prestar-les más atención. Cuando lo hagas, recuerda poner tus sueños en el contexto de lo que Dios ya ha revelado en su Palabra. Y nunca tomes una decisión importante basándote solo en un sueño. De lo contrario, tal vez confundas otras voces con la voz de Dios.

# Un sueño de sublime gracia

⟡

*Entonces me mostró a Josué, el sumo sacerdote, que estaba de pie ante el ángel del Señor, y a Satanás, que estaba a su mano derecha como parte acusadora. El ángel del Señor le dijo a Satanás: «¡Que te reprenda el Señor, que ha escogido a Jerusalén! ¡Que el Señor te reprenda, Satanás! ¿Acaso no es este hombre un tizón rescatado del fuego?».*
— Zacarías 3:1-2

El conocido himno «Sublime gracia» hizo famoso a su escritor, John Newton. Antes de su conversión, sin embargo, como marinero y traficante de esclavos, vivió cualquier cosa excepto una vida cristiana. En su autobiografía cuenta la historia de un sueño vívido que tuvo alrededor de unos veinte años antes de entrar al ministerio.

Newton soñó que una noche estaba parado en la cubierta de su barco en el puerto de Venecia, cuando de repente un hombre se le acercó y le mostró un anillo. El hombre le dio el anillo al marinero enfatizando que le traería mucha felicidad y éxito. También le advirtió que si alguna vez perdía el anillo conocería solo angustia y desdicha. Newton aceptó el anillo con alegría, asegurándole al hombre que lo guardaría seguro.

Tan pronto como el hombre se fue, un segundo hombre se apareció. No perdió tiempo en empezar a preguntar acerca del anillo. Newton repitió lo que se le había dicho de su valor, pero este hombre parecía sorprendido de que alguien pudiera ser tan insensato como para depositar tal importancia en un simple anillo. Poco después estaba instando al marinero a que lo tirara por la borda. En el sueño, eso fue lo que hizo Newton diciendo: «Por fin lo arranqué de mi dedo y lo lancé al agua; cuando el anillo tocó el agua, en ese mismo instante, un terrible fuego estalló en una cadena de montañas [una parte de los Alpes] que se veía a cierta distancia detrás de la ciudad de Venecia. Vi las colinas […] y todas estaban en llamas. Demasiado tarde percibí mi locura; y mi tentador, con un aire de ofensa, me informó que toda la misericordia que Dios tenía reservada para mí estaba contenida en ese anillo que yo había desechado por mi propia voluntad. Entendí que ahora debía ir con él a las montañas en llamas [...] temblaba y estaba en gran agonía».

El sueño continuó y Newton encontró a otro hombre que le preguntó por qué estaba tan triste. Él le explicó que se había destruido a sí mismo y que no merecía compasión. Entonces el hombre le preguntó si sería más sabio una segunda vez si recuperaba el anillo. Antes que Newton pudiera responder, el extraño se lanzó del barco y se hundió bajo la superficie del agua. Entonces salió con el anillo en su mano y volvió a subir a bordo. De inmediato, las llamas en las montañas se extinguieron.

El sueño perturbó a Newton durante dos o tres días, tanto que apenas podía comer o dormir. Pero con el tiempo lo olvidó. Por varios años no volvió a recordarlo hasta que, según dice él: «Me encontré en circunstancias muy parecidas a las sugeridas en el extraordinario sueño, cuando estaba desvalido y desesperado al borde de una eternidad horrorosa».

Por fortuna, John Newton llegó a ser una de los grandes convertidos de la historia y comenzó a escribir himnos que han inspirado a creyentes en todo el mundo. Como un tizón arrancado del fuego, al fin fue salvo por la misericordia de un Dios amoroso.

*Sublime gracia del Señor que un infeliz salvo;*
*fui ciego, mas hoy miro yo;*
*perdido, y él me halló.*
*En los peligros o aflicción*
*que yo he tenido aquí,*
*su gracia siempre me libró*
*y me guiará feliz.*

# Un sueño de gloria

~~~

*Cierto día José tuvo un sueño y, cuando se lo contó a sus hermanos, éstos le tuvieron más odio todavía, pues les dijo: «Préstenme atención, que les voy a contar lo que he soñado. Resulta que estábamos todos nosotros en el campo atando gavillas. De pronto, mi gavilla se levantó y quedó erguida, mientras que las de ustedes se juntaron alrededor de la mía y le hicieron reverencias.*

—Génesis 37:5-7

Con solo diecisiete años de edad, José era el hijo favorito del patriarca Jacob y el hermano menos favorito de sus diez medio hermanos. Quizá su ingenuidad juvenil lo condujo a contar un sueño que solo derramaría combustible en el fuego del odio de ellos.

Al poco tiempo, su sueño glorioso se había convertido en una pesadilla viviente. Todavía irritados con la ofensa, los hermanos lo descubrieron un día en el campo y se dijeron unos a otros: «Ahí viene ese soñador. Ahora sí que le llegó la hora. Vamos a matarlo y echarlo en una de estas cisternas, y diremos que lo devoró un animal salvaje. ¡Y a ver en qué terminan sus sueños!» (Génesis 37:19-20). En lugar de asesinarlo decidieron venderlo por ocho onzas de plata a unos mercaderes madianitas en camino a Egipto. El hijo favorito se convirtió en un esclavo en país extranjero. Parecía que su sueño no había sido más que una fantasía infantil.

Pero en realidad el sueño se estaba desarrollando aun en medio de la esclavitud y el encarcelamiento de José. Con el tiempo, las circunstancias lo trajeron a la atención del mismo Faraón, quien le dio grandes poderes sobre su reino. Poco después, los hermanos de José vinieron rogando que les dieran pan en medio de un hambre severa. Cuando llegaron ante él, dice la Escritura, «se postraron rostro en tierra» (Génesis 42:6). Después de años de pruebas y dificultades, el sueño por fin se cumplía y José pudo proveer refugio para su padre y sus hermanos en un tiempo de hambre.

El joven José no podía saber que su sueño era solo parte del cuadro, el final feliz de una historia que tendría más que suficientes vueltas trágicas. Aunque José vivió hace miles de años, su experiencia todavía es nueva para quienes la entienden.

Como a José, se nos ha dado gracia para conocer la conclusión de la historia, el final feliz que aguarda a los que aman a Dios. Sin embargo, Dios no nos revela todas las cosas que sucederán a lo largo del camino. Todavía estamos viviendo entre el sueño y su cumplimiento. Sabemos que Cristo ha vencido a todos nuestros enemigos, aun la misma muerte, y sin embargo experimentamos muchas muertes pequeñas cada día. Todavía pecamos, todavía nos herimos unos a otros, todavía sufrimos de anhelos insatisfechos. Cuando nos asalte la tentación de pensar que la fe no es otra cosa que una fantasía infantil, recordemos la historia de José y animémonos. Él no abandonó su sueño y nosotros tampoco lo podemos abandonar.

*Padre, tú obras de formas misteriosas, que a menudo confunden nuestra sabiduría humana. Cuanto más te conozco, tanto más me doy cuenta de que hay mucho por conocer. Ayúdame a recordar que tú nos das sueños en la noche, en medio de la oscuridad. Permite que esos sueños me fortalezcan, sobre todo cuando esté atravesando un tiempo oscuro de mi vida. Permíteme aferrarme al sueño y vivirlo en el poder de tu Espíritu.*

# EL SUEÑO DE UN GUERRERO

~∽~

*No será por la fuerza ni por ningún poder, sino por mi Espíritu —dice*
*el Señor Todopoderoso.*

—ZACARÍAS 4:6

Francis Bernardone era el hijo de uno de los más exitosos mercaderes de Asís. Como los héroes que él admiraba en las leyendas del rey Arturo, sabía que su destino era una vida de caballerosidad y gloria. Decidido a alistarse a favor del papa Inocente III en la batalla que tuvo lugar después de la muerte del emperador Enrique VI, Francis se unió a una tropa de Asís y emprendió el viaje a Apulia, donde se uniría al ejercito del duque Walter III de Brienne. Enardecido por el celo juvenil, no es de sorprenderse que en camino a la batalla soñara con la guerra y con las armas.

En su sueño, Francis estaba en la tienda de su padre Pietro. Pensó que quizás estuviera allí para despedirse. Pero en lugar de ver los estantes llenos de rollos de hermosas telas, solo vio un magnífico despliegue de escudos, lanzas y armaduras. Entonces escuchó una voz que decía: «Todo esto te pertenecerá a ti y a tus guerreros».

Se despertó con un nuevo celo y una gran urgencia de alcanzar el frente de batalla. Pero nunca llegó a Apulia. En cambio, enfermó con fiebre. De repente, mientras permanecía en cama en Spoleto, entre dormido y despierto, oyó una voz que le preguntaba adónde quería ir.

—A Apulia para ser un caballero —respondió.

—Dime, Francis, ¿quién te puede beneficiar más: el Señor o el siervo?

—El Señor —respondió Francis.

—Entonces, ¿por qué abandonas al Señor por el siervo y al príncipe por su vasallo? —lo desafió la voz.

Francis exclamó: «Señor, ¿qué quieres que yo haga?».

Y la respuesta vino: «Regresa a tu casa. Allí se te dirá lo que tienes que hacer. ¡Porque la visión que viste debes entenderla de otra manera!». Francis se despertó y al día siguiente regresó a su casa.

La voz y el sueño cambiaron el curso de la vida de Francis. Sus visiones de gloria terrenal ya no lo entusiasmaban y encontraba su antigua vida de alegre extravagancia cada vez más desagradable. Poco después, su pasión por los reinos terrenales se transfirió al reino que no es de este mundo. Al final, llegó a ser uno de los santos más estimados y más extraordinarios del cristianismo. Miles iban a seguir sus pasos viviendo una vida de pobreza y oración, predicando el evangelio dondequiera que iban y renovando la iglesia con su ejemplo. Eran soldados espirituales en el ejército del gran príncipe. Como Francis, se habían vestido con toda la armadura de Dios, la armadura brillante que hacía tantos años él había visto en su sueño.

*Padre, el celo sin sabiduría conduce solo a la destrucción. Ayúdanos a recordar que necesitamos ponernos toda la armadura del Espíritu antes de aventurarnos a tu servicio: el cinturón de la verdad, la coraza de justicia, el evangelio de la paz, el escudo de la fe, el casco de la salvación y la espada del Espíritu, que es la Palabra de Dios. Entonces, armados y listos, permítenos servirte, como Francis, con toda la pasión que nuestros corazones puedan contener.*

# «SOÑÉ QUE GANÉ LA LOTERÍA»

*Por eso les digo: No se preocupen por su vida, qué comerán o beberán;
ni por su cuerpo, cómo se vestirán. ¿No tiene la vida más valor que la
comida, y el cuerpo más que la ropa?*

—MATEO 6:25

¿Quién no ha soñado o por lo menos ha bromeado acerca de ganarse la lotería? Patti Matthews era una estudiante universitaria con dificultades económicas. Apenas podía darse el lujo de comer una pizza de cuando en cuando, de manera que no nos sorprende que una noche soñara que se había sacado la lotería. Transfigurada veía cómo las pequeñas esferas blancas se filtraban en el cesto de la lotería. Entonces una a una, las pocas escogidas se detuvieron lado a lado, con los números hacia arriba. Estos no eran números como cualquier otro. Eran idénticos a los que estaban impresos en el billete que ella apretaba en su mano. ¡Había ganado! Y en seguida, alguien estaba entregándole un gran fajo de dinero.

«Estaba muy emocionada —dijo—. Comencé a contarlo y a pensar en todas las cosas maravillosas que compraría: un barco, un auto, una casa. Seguía pensando en cosas nuevas y continuaba contando mi dinero. Sin embargo, mientras lo hacía noté que algo le estaba sucediendo a los rostros en los billetes. En vez del rostro de uno de los presidentes, el rostro se convirtió en un rostro contraído y malvado. Me asustó tanto que tiré el dinero, no queriendo tener nada que ver con él y me desperté.

»Mientras pensaba en el sueño, me di cuenta de que mi reacción a la ganancia imprevista había sido completamente egoísta. Ni siquiera se me había ocurrido ayudar con ese dinero a alguien necesitado. Solamente lo quería para mí misma. Me hizo pensar acerca de cómo yo usaba el dinero, aunque no tenía mucho en ese tiempo. Yo sabía que el dinero en sí no era el problema, sino mi actitud hacia él. El sueño me afectó tanto que puse un billete de veinte dólares en la ofrenda ese domingo; esa cantidad era una fortuna para mí en ese entonces. Fue mi manera de decirle a Dios que confiaba en que él me proveería y que quería ser generosa con lo que él me diera».

Es probable que nuestras fantasías acerca de ganar la lotería sean inofensivas. Pero me pregunto qué revelan. En mi caso, me agradaría volverme rica no tanto por todas las cosas hermosas que pudiera comprar, sino porque representa cierta clase de seguridad, y cuando pienso en seguridad, pienso en los camiones blindados, en cuentas de banco en Suiza o Fort Knox, todos lugares donde se guarda el dinero para mantenerlo seguro. Sin embargo, parece que Dios no piensa de esa manera. En vez de almacenes, él habla de fuentes y manantiales, maná y pan diario que vienen de la mano del Padre. En cada caso, recibimos lo que necesitamos para el momento. Debemos depender de Dios para mantener el manantial vivo, la fuente fluyendo. En tales circunstancias, se requiere fe para ser generoso con lo que tenemos.

Desde luego, no creo que haya nada de malo en ahorrar dinero para el futuro. Las personas sabias lo hacen. Pero algo anda mal si acumulamos el dinero pensando que nos salvará de calamidades futuras. Con dinero o sin dinero, con lotería o sin lotería, nuestra confianza está en el Señor, quien hizo los cielos y la tierra. Solo él puede salvarnos y guardarnos seguros.

*Padre, admito que no me gusta depender de ti para todo. A veces me gustaría una pequeña reserva, en caso de que tú no te manifiestes de la manera que yo pienso. Perdóname por mi egoísmo y mi falta de confianza y ensancha mi corazón para que pueda ser generosa con los demás como tú has sido conmigo. Permíteme ver el dinero no como una herramienta para mantener el temor a raya, sino como un instrumento para tu gloria.*

# 23
# MILAGROS Y VISIONES

❦

*Desde mi infancia hasta ahora, a los setenta años de edad, mi alma*
*siempre ha contemplado la luz [...] El resplandor que veo no está*
*limitado por el espacio y es más brillante que el resplandor alrededor*
*del sol [...] A veces cuando lo veo, se aleja toda tristeza y todo dolor y*
*parezco, ya no más una anciana, sino una niña sencilla otra vez.*

—HILDEGARD DE BINGEN

Confieso que la única clase de visión que he tenido en mi vida sucedió después de veinticuatro horas en el camino. En realidad, fue más como un ensueño donde la fantasía se mezclaba con la realidad mientras estaba a punto de dormirme. Por fortuna, yo no estaba detrás del volante. Mi trabajo consistía solo en mantener al chofer despierto.

Sin embargo, las visiones reales tienen muy poco en común con las alucinaciones, como quiera que se produzcan. Más bien que distorsionar la percepción del mundo natural, las visiones espirituales auténticas quitan la barrera entre lo natural y lo sobrenatural. Por un momento en el tiempo, nos ofrecen una vislumbre de una realidad sobrenatural que hasta ahora estaba escondida de nosotros.

Las visiones espirituales tal vez sean las menos frecuentes de los milagros. Pero cuando suceden, pueden cambiar el curso de la historia, darnos valor para llevar el evangelio, o describir una visión del paraíso para sostenernos. Con todo, no debemos ser demasiado crédulos cuando alguien afirma haber tenido una visión semejante. Ni tampoco debemos descartar por completo la posibilidad. En cualquier caso, debemos recordar que las visiones verdaderas vienen de manera espontánea. Nunca son algo que controlamos.

En última instancia, la única visión que en realidad debemos desear es la que va a satisfacer nuestros anhelos y va a poner fin a todos nuestros sufrimientos. Las Escrituras dicen que solo obtienen esta visión los puros de corazón, porque son los que verán a Dios. Como quienes lo aman, nuestro verdadero destino es un día contemplar el rostro del Dios del universo y vivir para contarlo. En realidad, de eso es de lo que se trata el paraíso.

# LA VISIÓN DE UNA
# CRUZ VICTORIOSA

❧

*El Señor es mi roca, mi amparo, mi libertador; es mi Dios, el peñasco en que me refugio. Es mi escudo, el poder que me salva, ¡mi más alto escondite! Él es mi protector y mi salvador. ¡Tú me salvaste de la violencia! Invoco al Señor, que es digno de alabanza, y quedo a salvo de mis enemigos.*

—2 SAMUEL 22:2-4

Durante los primeros trescientos años de su vida, el cristianismo creció a pesar de una persecución tremenda, primero en Israel y después, a través de todo el Imperio Romano. Sin embargo, al principio del cuarto siglo un hombre llamado Constantino tuvo una visión que cambió todas las cosas.

Constantino era un aspirante improbable para el trono del Imperio Romano. Como no lo tomaron en cuenta para el rango de César huyó a Gran Bretaña, donde se unió al ejército de su padre. Después de un tiempo, su posición mejoró y decidió arremeter contra Roma. Sin embargo, antes de vencer a Majencio en el puente Silvio decidió buscar a Dios, pidiéndole que se le revelara y suplicándole su ayuda. Mientras oraba al mediodía vio una cruz de luz que apareció en los cielos por encima del sol y que llevaba la inscripción Vence con esto. La cruz estaba en la forma de la letra X, con una línea perpendicular que la atravesaba y que en el extremo superior se redondeaba como una P.

Pasó horas preguntándose qué podía significar la visión y por fin, aunque perplejo, se quedó dormido. En el sueño que siguió, Cristo se le apareció con una señal idéntica a la que Constantino había visto en el firmamento y le ordenó que usara esta cruz como una salvaguarda en todas las batallas. De modo que Constantino la colocó en los escudos de todos sus soldados. Armados de esta manera ganaron la victoria y la cruz llegó a ser la insignia de todos los emperadores cristianos desde Constantino. Poco después de la batalla, el nuevo emperador proclamó el edicto de Milán que por fin barrió con la persecución en todo el Imperio Romano.

El autor Morton Kelsey relaciona la historia de Constantino con un famoso líder militar del siglo veinte: el general George Patton. Aunque Patton no afirmó ver una cruz en el firmamento, él se despertó del sueño en 1944 con una inspiración que ayudó a determinar el resultado de la batalla del Bulge. Patton convocó a Joe Rosevich, su secretario personal, a su oficina a las cuatro de la madrugada de un día de diciembre. Todavía en piyamas, Patton comenzó a dictar, planificando una estrategia para un ataque que empezaría en el momento preciso en que los alemanes iban a montar el ataque. Rosevich más tarde informó que como resultado de la estrategia de Patton, a los nazis «los pararon en seco». Unos días después Patton le dijo a Rosevich que él se había despertado de repente esa noche a las 3 a.m. sin ninguna razón aparente. Cuando se acostó no tenía la menor idea de que el ataque de los alemanes iba a suceder. Pero cuando se despertó estaba seguro de que era inminente y también supo con exactitud cómo combatirlo. Patton no afirmaba que su percepción había sido por inspiración divina. Pero ya fuera una intuición obrando a un nivel profundo o el resultado de un sueño de divina inspiración, algo maravilloso había ocurrido que cambió el curso de la batalla.

*Señor, a menudo tú obras de maneras extrañas e inesperadas. Ayúdanos a escuchar y a reconocer tu voz sin que importe cómo venga a nosotros, mediante la Biblia, el estímulo de los amigos, el consejo de los sabios y aun en sueños y visiones. Y cuando reconozcamos que es tu voz, haz que nos apresuremos en responder.*

# Una visión en las nubes

~

*Miré, ¡y apareció un caballo blanco! El jinete llevaba un arco; se le dio una corona, y salió como vencedor, para seguir venciendo.*
—APOCALIPSIS 6:2

Santa Rosa es una pequeña aldea soñolienta en Brasil. Allí no hay electricidad, aceras, ni siquiera una tienda de víveres en la esquina, y en realidad tiene muy poco para atraer a forasteros. Sin embargo, un hombre se sintió atraído a esta aldea donde viven los indios arapiun. Ocurrió en 1992 y su nombre era Raimundinho (Raimundito), un evangelista itinerante que vivía en un barco y predicaba el evangelio río abajo y río arriba. Poco después, sus palabras transformarían esta lánguida aldea lejana en un nido de avispas furiosas.

Todo comenzó cuando Raimundinho estaba todavía de camino a Santa Rosa. Al acercarse a una aldea vio una visión en las nubes: un templo grande con una puerta pequeña. Mientras lo contemplaba, la puerta de la iglesia comenzó a agrandarse hasta que abarcó todo el ancho de ella. Raimundinho tuvo la certeza que aquella era una señal de que la puerta para el evangelio se estaba abriendo de par en par.

La primera noche todo fue bien. La segunda noche varias personas hicieron profesión de fe. Pero la tercera noche se produjo un pequeño disturbio. El presidente de la aldea llegó con un grupo grande y rodeó la casa donde Raimundinho estaba predicando. En vez de oraciones, les lanzaron piedras y maldiciones a las personas que estaban dentro. Al día siguiente, Raimundinho se fue a otra aldea. Mientras estaba allí llegó una carta del presidente de Santa Rosa. El mensaje era claro: «Si regresa, lo vamos a matar. No queremos oír su predicación».

Raimundinho no podía olvidar lo que había visto en las nubes. Estaba decidido a volver a Santa Rosa sin importarle las consecuencias. Mientras cruzaba el río cerca de la aldea, uno de sus compañeros llamó su atención a una figura extraña en el cielo. Las nubes se habían reunido para formar una enorme montaña negra. Al pie de la montaña había lo que parecía una bestia, un jaguar con varias cabezas. A la derecha de la montaña negra había una nube blanca y brillante con la forma de un caballo y su jinete. Cuando la nube blanca se acercó a la nube negra, la forma de la bestia desapareció. Una vez más, Raimundinho creyó que había recibido una señal.

Esa noche, casi toda la aldea vino a escuchar lo que el predicador tenía que decir. De modo sorprendente, la noche transcurrió sin ninguna señal de violencia. Pronto una pequeña iglesia se formó en Santa Rosa. Poco después de las primeras reuniones, llegó un equipo médico misionero de los Estados Unidos. En el transcurso de su visita, el equipo trató a mil noventa y siete personas, extrajo setecientos cuarenta y siete dientes, dio quinientos cinco pares de lentes y llenó dos mil ochocientas treinta y seis recetas médicas. Abrumados por el amor de estos extranjeros, los líderes de la aldea vinieron a Raimundinho uno por uno pidiéndole perdón por la manera en que lo habían tratado. Hasta querían saber cómo podían ayudarlo para que continuara su trabajo.

¿En realidad había visto este hombre una iglesia en el firmamento, un jaguar con muchas cabezas, un caballo y un jinete? ¿O fue solo su imaginación superactiva dibujando fantasías en las nubes? ¿Quién puede estar seguro? De cualquier manera, una cosa es clara: una puerta que parecía cerrada por dentro con seguro se abrió de par en par al amor de Dios; un amor que se mostró a los indios arapiun, no como una figura en las nubes, sino en la forma de hombres y mujeres corrientes que sabían que el evangelio es más que simples palabras. Es una forma de vida.

¿Acaso debe maravillarnos que el Creador de todas las cosas a veces use los cielos para proclamar su gloria?

*Señor, estoy sorprendida de la manera en que te revelas. Pero lo maravilloso no es tanto que tú pongas una señal en el cielo, como que desciendas y toques mi corazón para que hasta yo pueda ser una señal de tu amor.*

# Una visión de una vasija sellada

~

*Yo les daré un corazón íntegro, y pondré en ellos un espíritu renovado.*
*Les arrancaré el corazón de piedra que ahora tienen, y pondré en ellos*
*un corazón de carne.*

—Ezequiel 11:19

June Clancy se había acomodado en su silla favorita. El sol de la tarde calentaba la sala y añadía a su sensación de paz. *Al fin un momento de paz,* pensaba. Y entonces la vio.

«Era una imagen fugaz, como el borde de una diapositiva que pasa. Vi una vasija de cristal... solamente la mitad de arriba. La tapa parecía estar sellada. En el próximo cuadro, vi la vasija de nuevo, pero esta vez había un destornillador colocado debajo del borde de la tapa, que había roto el sello.

»No sé cómo lo supe, pero estaba segura de que yo era esa vasija con la tapa firmemente sellada. De alguna manera también me di cuenta de que el destornillador representaba el Espíritu de Dios obrando para abrir lo que, de otra manera, era un sello irrompible.

»Mientras oraba comencé a creer que el Señor iba a libertarme de la esclavitud emocional que había sufrido desde mi adolescencia. Hasta donde podía recordar, yo había sido tímida hasta el extremo de la angustia. Cuando tenía dieciséis años comencé a salir con un muchacho mayor que yo a quien mis padres desaprobaban. Cuanto más desaprobaban ellos, tanto más decidida estaba yo a seguir saliendo con él, aunque estaba destrozando a mi familia. En mi obstinación tomé una decisión. Me prometí a mí misma: "No les voy a permitir que me hieran más". No podía imaginarme que me estaba encerrando en una prisión emocional de la que nunca podría salir por mí misma.

»Poco después me trasladé con mi familia a la Florida, donde me metí de lleno en el mundo de las drogas del final de la década de los años sesenta:

marihuana, anfetaminas, alucinógenos. No era simple presión de grupo lo que me impulsaba. En cambio, de manera deliberada comencé a andar con muchachas que vivían con la vida en un hilo. Los trece años siguientes fueron una neblina inducida por las drogas. Los mejores años de mi vida no me los robaron. Yo los desperdicié. Mi lema durante esos años era muy sencillo. Rezaba así: "¡No importa lo que hagas ni quien seas, no puedes herirme!". Sin embargo, mientras me protegía a mí misma, más me atemorizaba. Mis emociones parecían tan poderosas, tan imposibles de controlar. Finalmente, a los veintinueve años, comencé a sufrir de ataques de pánico, ataques de ansiedad fortuitos y abrumadores. Fue entonces cuando por fin clamé a Jesús y le supliqué que me ayudara. Me sentía quebrantada por completo, como si fuera nada más que un montón de escombros. Pero Dios escuchó mi clamor y cuatro semanas después los ataques de ansiedad desaparecieron. Nunca los he vuelto a padecer.

»Sin embargo, todavía tenía dificultad para expresar mis emociones. Durante veinticuatro años no pude derramar una lágrima, aunque muchas veces sentía deseos de llorar. Once años después de mi conversión tuve la visión de la vasija sellada. Fue entonces cuando el Señor comenzó a restaurar mis lágrimas. Al principio vinieron con lentitud, pero después en raudales. Aquello fue como un grifo que al fin se había abierto.

»Un domingo mi pastor animó a los que deseaban oración a que se quedaran después del culto. Mi hijo de siete años, John Edward, dijo que él quería quedarse, de modo que los dos pasamos al frente. Me paré detrás de mi hijo orando en silencio. Cuando el pastor llegó a donde yo estaba, sus primeras palabras fueron: "Permítele saber, Padre, que ya no tiene que contener sus emociones. Ella no tiene que estar en control". Comencé a temblar hasta que todo mi cuerpo se estremeció y me encontré llorando con una libertad desconocida para mí. Esa noche sollocé y clamé sin temor a lo que pensaran los que estaban a mi alrededor. Entonces, poco a poco, las lágrimas disminuyeron y sentí una paz tremenda.

»Supe entonces que al fin la vasija estaba destapada. Dios estaba quitando todo lo que había estado atrapado dentro de la vasija y creando un corazón nuevo dentro de mí. No sé por qué no me sanó por completo cuando me quitó los ataques de pánico. Pero sí sé que él está sanando los pecados de mi juventud y llenándome con una libertad más profunda y un gozo mayor».

*Crea en mí, oh Dios, un corazón limpio, y renueva un espíritu recto dentro de mí. No me eches de delante de ti, y no quites de mí tu Santo Espíritu. Vuélveme el gozo de tu salvación, y espíritu noble me sustente.*

# Una visión del cielo

❧

*Me llevó en el Espíritu a una montaña grande y elevada, y me mostró la ciudad santa, Jerusalén, que bajaba del cielo, procedente de Dios. Resplandecía con la gloria de Dios, y su brillo era como el de una piedra preciosa, semejante a una piedra de jaspe transparente.*

—APOCALIPSIS 21:10-11

Hace varios años, Gwen Ellis casi muere al dar a luz a dos gemelas idénticas que sobrevivieron solo algunas horas. «Yo las había llevado en mi vientre solo durante seis meses —explicaba ella—. Eran demasiado pequeñas para vivir. Recuerdo su nacimiento. Tan pronto como la primera bebita nació, el equipo de partos salió corriendo de la habitación llevándosela. La segunda gemela estaba alojada bajo mis costillas y al médico le resultaba difícil sacarla. Yo sentía mucho dolor y lo último que recuerdo fue oír que el médico decía: "Denle algo para el dolor".

»Lo primero que recuerdo después de eso fue que una enfermera me sacudía para despertarme. No estoy del todo segura de qué me sucedió en la camilla de parto, pero estoy casi segura de que sufrí una conmoción mientras los médicos estaban ocupados con las gemelas. De repente, me encontré caminando en un gran prado verde enmarcado por el cielo más azul que jamás he visto. Más tarde, lo único que podía decir era que me recordaba un poco al lago Crater en el estado de Oregon. Todo era tan nítido y claro, hasta la hierba tenía una cierta fragilidad. Me sentí en absoluta paz. De súbito, escuche una voz que decía: "Regresa. Ed y Wendy te necesitan". Pensé en mi esposo y mi hija de tres años y supe que tenía que tomar una decisión. En ese instante, sentí como si me halaran de regreso a la tierra a lo largo de un túnel largo y oscuro. Y entonces me desperté en la camilla de parto. Cuando por fin me sacaron, estaba helada y temblando de pies a cabeza.

»Fue muy difícil perder esos bebés, pero sabía que todavía tenía algo por lo cual vivir. Por mucho tiempo no le conté a nadie de mi experiencia. Era demasiado preciosa para tratar de explicarla.

»Después me sentí muy débil. Pero Dios estaba presente. Parecía que estaba parado detrás de mí sosteniéndome, como cuando uno pone sus brazos debajo de alguien a quien se le han aflojado las piernas. Su presencia era tan palpable que casi me sentía como si fuéramos uno. La verdad es que estábamos tan cerca que orar hubiera parecido una distracción. Con el tiempo, el sentimiento desapareció y tuve que pasar por el proceso de experimentar mucho dolor e ira por la pérdida de mis hijas. Uno nunca se sobrepone por completo. El momento más difícil fue cuando mi hija Wendy se fue a vivir a Bélgica por un año. ¡Cómo sufría mi corazón por las gemelas! Me hubiera encantado tener otras dos niñas en mi vida durante ese tiempo.

»Han pasado muchos años desde ese día en la sala de partos. Es sorprendente cómo un día puede contener tanto gozo y tanta tristeza. Pero siempre sentí como que Dios me dio esa experiencia para consolarme y darme una vislumbre del lugar hermoso que él iba a proveer para mis niñas, un lugar donde un día las podré tener en mis brazos y decirles cuánto las he extrañado».

*Padre, me alegro de que tú a veces permites que uno de nosotros vea más allá de las estrellas, al cielo mismo. Me consuela saber que tú has preparado un lugar para los que te aman. Cuando me sienta más desanimada y más sola por los que he amado y perdido, renueva mi anhelo por el cielo y haz que la esperanza sea más fuerte en mi alma.*

# Epílogo: El milagro más grande de todos

~

*También José, que era descendiente del rey David, subió de Nazaret,*
*ciudad de Galilea, a Judea. Fue a Belén, la ciudad de David, para ins-*
*cribirse junto con María su esposa. Ella se encontraba encinta y, mien-*
*tras estaban allí, se le cumplió el tiempo. Así que dio a luz a su hijo*
*primogénito. Lo envolvió en pañales y lo acostó en un pesebre, porque*
*no había lugar para ellos en la posada.*

—Lucas 2:4-7

Una adolescente y un hombre joven salieron de su pueblo en Galilea para viajar rumbo al sur hacia Belén, en las afueras de Jerusalén. El viaje no puede haber sido fácil, sobre todo para la joven mujer cuyo vientre mostraba evidencia de que estaba en su noveno mes de embarazo. Conocemos bien la historia, demasiado bien quizá para que nos asombre el escándalo que produjo.

Es cierto que era escandaloso que María hubiera concebido un hijo fuera del matrimonio. Lo sabemos. No obstante, al igual que los judíos de su tiempo, no percibimos el escándalo más profundo de proporciones divinas que estaba desarrollándose en su vientre. Porque Dios había hecho lo inconcebible: había engendrado un hijo en un ser humano. Y su hijo nacería como cualquier otro ser humano, cubierto en sangre, gritando por aire y todavía unido a su madre por un cordón umbilical. Juntos, Dios y una joven mujer habían producido un niño único en la historia del cielo y de la tierra.

Sin embargo, el escándalo no terminó con el nacimiento de Jesús. Porque el Dios que creó la tierra, que la inundó con juicio en la época de Noé, que destruyó el ejército de Faraón ahogando a caballos y a jinetes en las aguas del Mar Rojo, que capacitó a los israelitas para perseguir a sus enemigos y echarlos de la tierra prometida, este mismo Dios todopoderoso permitió a

María y a José tomar la custodia de su único Hijo. Los brazos que Dios mismo había creado acunarían a la divinidad. El plan y el propósito de Dios se cumplirían mediante la debilidad, mediante la limitación humana, mediante la dependencia, por medio de un niño que era vulnerable al desastre como cualquier ser humano que jamás ha vivido.

Esto, en realidad, es escándalo. Esto trastorna todo lo que hemos pensado de Dios. Ya no es más un Dios que nos mira desde una altura encumbrada, desaprobándonos, midiéndonos y encontrándonos deficientes en todo. En cambio, es un Padre tierno que no puede soportar el estar separado de sus criaturas, que es impulsado a revelar su verdadera naturaleza haciendo el milagro más grande de todos: permitiéndole a su Hijo ser como uno de nosotros, para que nos tome de la mano y nos saque de la oscuridad para que conozcamos a Dios aun como somos conocidos por él. Esto es escándalo, este es el milagro, esta es la verdad que nos hace libres.

*Padre, a menos que tú toques mis ojos y los abras a la maravilla, no seré capaz de percibir lo que tú has hecho y estás haciendo en el mundo. Tus estrategias y planes siempre me toman de sorpresa. Hay tanto acerca de ti que no puedo comprender. Pero lo que sí sé me hace postrarme ante ti, ante tu humildad, tu bondad, tu perdón, tu santidad, tu perfección, tu generosidad, tu valor, tu belleza y tu amor apasionado por mí.*

*Nos agradaría recibir noticias suyas.*
*Por favor, envíe sus comentarios sobre este libro*
*a la dirección que aparece a continuación.*
*Muchas gracias.*

**Editorial Vida®**
.com

*vida@zondervan.com*
*www.editorialvida.com*